Wilfried Steinmüller

Wander- und Radwanderführer

durch die Heide zwischen

Rostock und Ribnitz

Geschichte - Landschaft - Tipps - Wanderungen

grünes herz

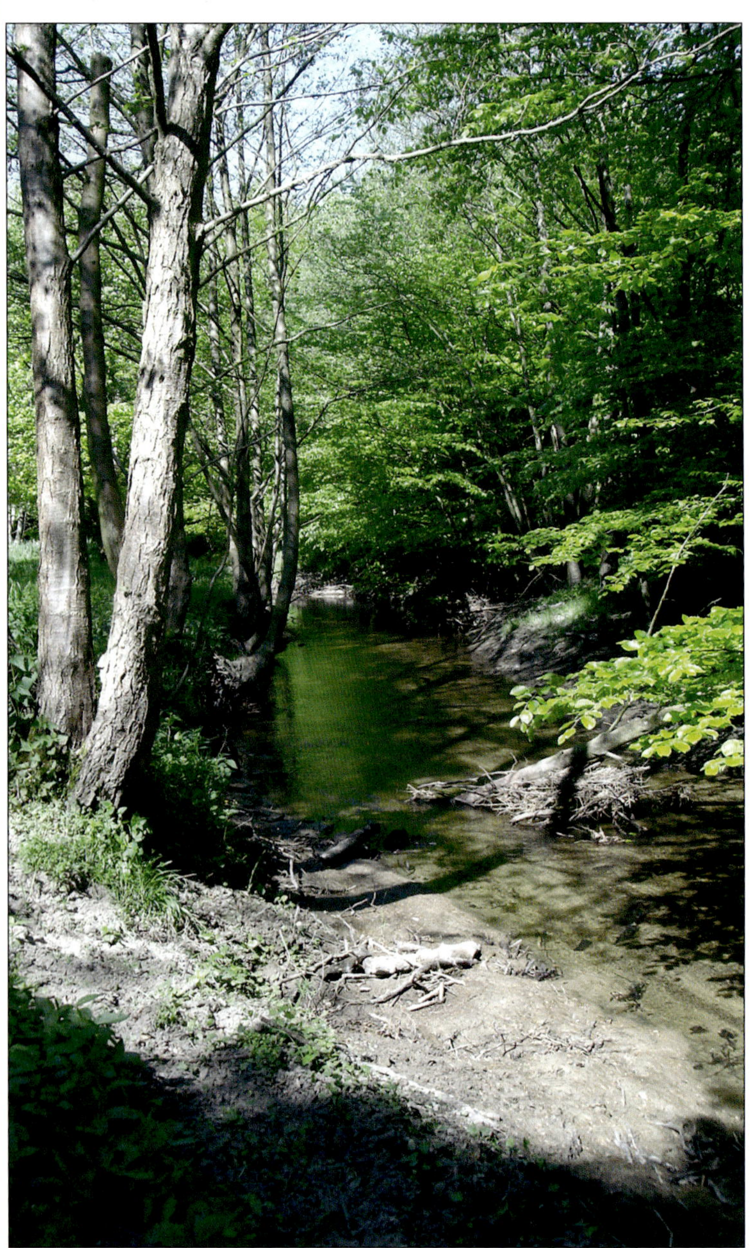

Romantische Stimmung am Wallbach

Inhalt

Seite

Vorwort

Im Jahre 1919 erschien ein kleines, in unscheinbares Grau gehülltes Büchlein unter dem Titel „Die Heide, das Kleinod der Stadt Rostock“, der erste Wanderführer durch diesen größten Küstenwald Deutschlands. Er war nötig geworden, weil gerade nach dem Ende des Ersten Weltkrieges Naturfreunde und Wandergruppen aus allen Teilen Deutschlands in diesen Landstrich kamen, um zu wandern. Geradezu legendäre Wanderherbergen wie „Haus Uhlenflucht“ der Naturfreunde oder das „Waldhaus“ der sozialdemokratischen Arbeiterjugend und viele andere wurden zu zentralen Anlaufstätten der Wanderfreunde aus Nah und Fern. Die Heideregion entwickelte sich zum bekanntesten Wanderrevier an der mecklenburgischen Ostseeküste.

Mit Ausbruch des Zweiten Weltkrieges erstarb das Wanderleben zunächst. Die Wiederentdeckung dieses Landstriches in den fünfziger Jahren blieb eine Episode, da ein gutes Jahrzehnt nach Kriegsende die militärische Nutzung in der Landschaft immer raumgreifender wurde. Schließlich war mehr als die Hälfte der Waldlandschaft Sperrgebiet. Dem Wanderer standen nur noch Randgebiete offen. Wanderliteratur durfte ab Ende der sechziger Jahre nicht erscheinen. Die Landschaft sollte aus dem Gesichtsfeld der Öffentlichkeit ausgeblendet werden. Erst nach der Renaturierung und Aufhebung der Sperrgebiete ab 1991 entstand wieder ein sehr gut ausgebautes Wanderwegenetz. Die Nordöstliche Heide Mecklenburg steht dem Naturfreund in allen Winkeln offen und lohnt, entdeckt zu werden.

Benutzungshinweise:

Die grün unterlegten Kästen beinhalten Hintergrundinformationen zum unmittelbar an der Strecke Befindlichem mit historischen Fakten und Wissenswertem.

Die Pfeile ↗ bedeuten Hinweise auf vorhandene grüne Kästen.

Benutzungshinweise
Wegekennzeichnung und Wanderkarten

Seit 1992 ist in der Heideregion zwischen Rostock und dem Fischland ein gut ausgebautes Rad- und Wanderwegenetz mit umfangreicher Beschilderung und Wegekennzeichnung entstanden. Durch die gesamte Landschaft hindurch sind Beschilderungen und Wegeroutenkennzeichnungen mit verschiedenfarbigen Balken- oder Kreissymbolen vorhanden, die den Wanderer zu allen sehenswerten Zielen dieser Landschaft leitet. In besonders ausgewählten Teilen ist keine Wegekennzeichnung vorhanden, um hier ohne ein Verbot der Wegenutzung auszusprechen, die Frequentierung in Wildruhezonen geringer zu halten. Neben dem Rad- und Wanderwegenetz ist ein geschlossenes separat geführtes Wegenetz für Freizeitreiter (blaues Reitersymbol) ausgeschildert. Diese Wege dürfen auch von Wanderern genutzt werden. Hier muss man aber teilweise auf entsprechend lockersandige Bodenverhältnisse eingestellt sein. Wanderwege und Reitwege haben aber eine solche Parallelität in der Landschaft, dass eine Nutzung der Reitwege nur selten nötig ist.
Im nordöstlichen Teil der Heide überschneidet sich die genannte Wegekennzeichnung mit einer überregionalen Wegekennzeichnung des Kreises Nordvorpommern, die mit Bildsymbolen wie „Hase“, Stadttor“, „Storch“ u.a. innerhalb des Kreisgebietes überregional von Ort zu Ort führt. Vier Fernwanderwege (Europäischer Fernwanderweg E9, Fernwanderweg Arkona-Zittau, Ostseeküsten-Radweg sowie der Hanseatenweg von Lübeck zur polnischen Grenze) durchqueren unsere Heidelandschaft ebenfalls und sind mit entsprechender Wegekennzeichnung hier anzutreffen.

Tipp:
Um hier nicht in die Irre geführt zu werden, empfiehlt es sich deshalb, den farbigen Balken- und Kreissymbolen zu folgen. Am besten ist es, neben diesem Wanderbüchlein die ebenfalls beim Verlag „grünes herz“ erschienene Karte „Rad- und Wanderkarte Graal-Müritz, Rostocker Heide“ ISBN 978-3-92999-32-5 im Gepäck zu haben.

1. Zur Landschaft der Rostocker Heide

Landschaftscharakteristik der „Nordöstlichen Heide Mecklenburgs"

Die „Nordöstliche Heide Mecklenburgs" ist mit ca. 11.000 Hektar Größe der ausgedehnteste Küstenwald Deutschlands. Verfolgt man in Gedanken die Linie der deutschen Seeküste von der niederländischen Grenze an der Nordsee über Schleswig-Holstein die Ostseeküste entlang den Weg fortsetzend, bis hin zur polnischen Grenze, so stellt man fest, dass nirgends eine größere geschlossene Waldfläche unmittelbar an die Küste grenzt, als eben hier. Im Jahre 1252 erfolgte die landschaftsgeographische und kulturhistorische Trennung in die etwa gleich großen Ost- und Westhälften (↗ Geschichte der Rostocker Heide)

Die Gesamtlandschaft setzt sich heute aus der Rostocker Heide, Gelbensander Forst, Ribnitzer Stadtforst sowie der Forst Alte Heide zusammen. Wir finden hier anteilig alle in Deutschland vorkommenden Waldeigentumsformen vertreten:

- 6.400 ha Kommunalwald Hansestadt Rostock
- 1.793 ha Landeswald
- 1.072 ha Privatwald
- 906 ha Bundeswald
- 875 ha Kommunalwald Ribnitz-Damgarten
- 75 ha Treuhandwald
- 55 ha Stiftungswald

11.176 ha Gesamtfläche

Neben den bedeutenden Naturschutzgebieten **„Müritz-Ribnitzer Großes Moor"** am Nordostrand und **„Radelsee - Hütelmoor - Heiliger See"** am Westrand genießt der überwiegende Teil der Heide den Schutzstatus eines Landschaftsschutzgebietes.

Zur Verknüpfung von Lebensräumen sind eine Reihe von Flächen auch zu **Fauna-Flora-Habitat-Gebieten** (FFH-Gebiete) erklärt worden.

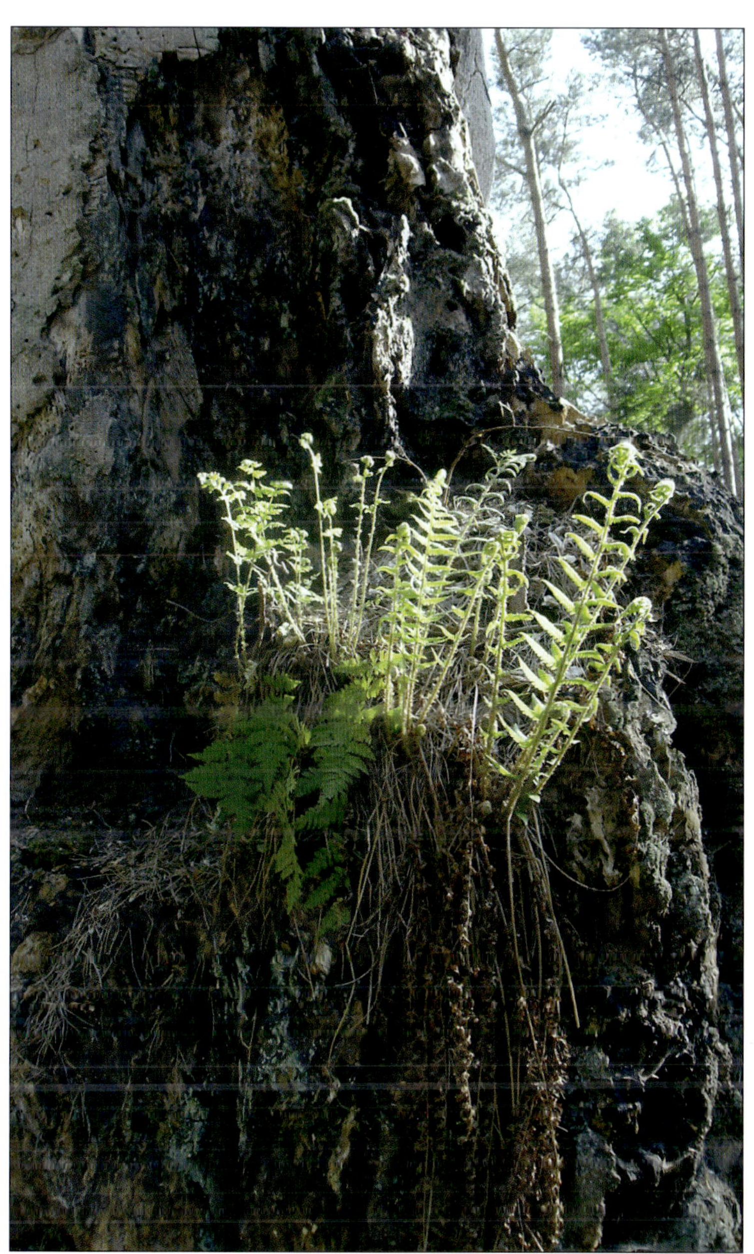

Wurmfarn an der „Tunn“ einer alten Buche

2. In Deutschland einzigartiges Klima

Gegen Ende des 19. Jahrhunderts rückten die Wohlfahrtswirkungen des Waldes stark in den Vordergrund des allgemeinen Interesses. Beim Erreichen einer bestimmten Größe und Geschlossenheit von Waldarealen werden diese zum Klima bestimmenden Faktor. Das aus der rund 11.000 Hektar geschlossenen Waldfläche und seiner Lage an der See, für Deutschland einzigartig, nur hier jenes besonders heilkräftige Klima entsteht, ist im Jahre 1877 entdeckt worden. In diesem Waldklima weichen Luftfeuchtigkeit, Temperatur, Sonneneinstrahlung und Wind von offenen Landschaften ab. Dazu kommt, dass ein einziger ausgewachsener Laubbaum in einer Stunde vier Millionen Liter Luft atmet und reinigt, mehr als zwei Kilogramm Kohlendioxid bindet und die gleiche Menge Sauerstoff abgibt. Darüber hinaus sind Bäume Schalldämpfer, spenden Schatten und schlucken Staub. Das daraus resultierende Gemisch aus sauerstoffreichem Waldklima und jodreichem Seeklima besitzt eine ganz besondere Heilkraft und ist deutschlandweit in dieser Spezifik nur hier ausgeprägt. Diese Klimabesonderheit ist ein unsichtbares Kleinod, welches unseres nachdrücklichen Schutzes bedarf. Sie ließ im 19. Jahrhundert Graal-Müritz zum Seeheilbad werden.

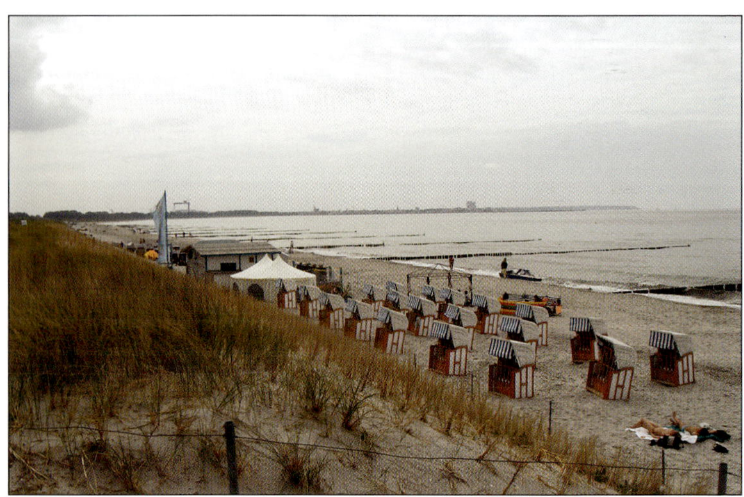

Klima und Wetter sind Ansichtssache

3. Geologie

Etwa 18.000 Jahre vor unserer Zeitrechnung, in der späten Eiszeit des sogenannten Pommernstadiums, erstreckte sich der mächtige Gletscherrand des Eises bis in diese Gegend, entlang der heutigen dänischen Küste von Lolland und Falster, über eine anstelle der jetzigen Ostsee existierenden Landbrücke, bis in das Fischlandgebiet. Aus großen Gletschertoren ergossen sich umfangreiche Schmelzwassermassen und bildeten ein Stromdelta. Dem heutigen Heidegebiet ostseeseitig vorgelagert entstand ein Süßwasserstausee. An der Mündung des Stromdeltas lagerte sich der mitgeführte Sand ab. Nach Rückzug des Eises hob sich das Land. Nach einer in dem verbleibenden Restseengebiet vorkommenden charakteristischen Schnecke wird dieser Entwicklungsabschnitt nach einer hier vorkommenden Süßwasser-Schnecke Ancyluszeit genannt. In jener Zeit entstanden auch die ersten Moore des Heidegebietes. Erste Besiedlungen des Gebietes sind nachweisbar. Bald darauf erfolgte wiederum eine Bodensenkung. Nun bespült Salzwasser das Gebiet, die heutige Nord- und Ostsee existierten noch als gemeinsames Meer. Die bis in unsere Zeit vorkommende Salzwasser-Schnecke Litorina Litorea wird zur Namenspatronin jenes Zeitabschnittes. Anschließende Bodenanhebungen hatten die Teilung in Nord- und Ostsee jenes einstigen Großmeeres zur Folge. Meeresbuchten entstehen und werden durch wachsende Dünenstränge (Nehrungen) vom Meer abgetrennt. Schließlich bilden sich die für die Heideküste typischen Küstenmoorbecken heraus, denen auch das **Große Müritz-Ribnitzer Moor** seine Entstehung verdankt. Während die Moorkette am Westrand der Heide (**Radelsee, Hütelmoor, Heiliger See**) weit jünger ist und ein Ergebnis eines vor rund 1000 Jahren abgeschlossenen Verlandungsprozesses der zwischen Markgrafenheide und dem **Rosenort** gelegenen ursprünglichen **Warnow-Mündung**. Neben den Sandablagerungen des einstigen Eiszeitstromes wachsen noch zusätzlich Sanddünen. Südlich der heutigen Bundesstraße 105 im Bereich der Reviere Willershagen und Wilmshagen stoßen die Sanddünen an eine hügelige Moränenlandschaft. Eine Strandwanderung, die in Markgrafenheide ihren Anfang nimmt und an der fünf Kilometer nördlich gelegenen Stromgrabenmündung endet, führt uns nicht nur die Schönheit dieses Landstriches vor Augen, sondern erlaubt auch einen besonders anschaulichen Ausflug in die Geologie der Rostocker Heide. Tut sich doch am Kliff

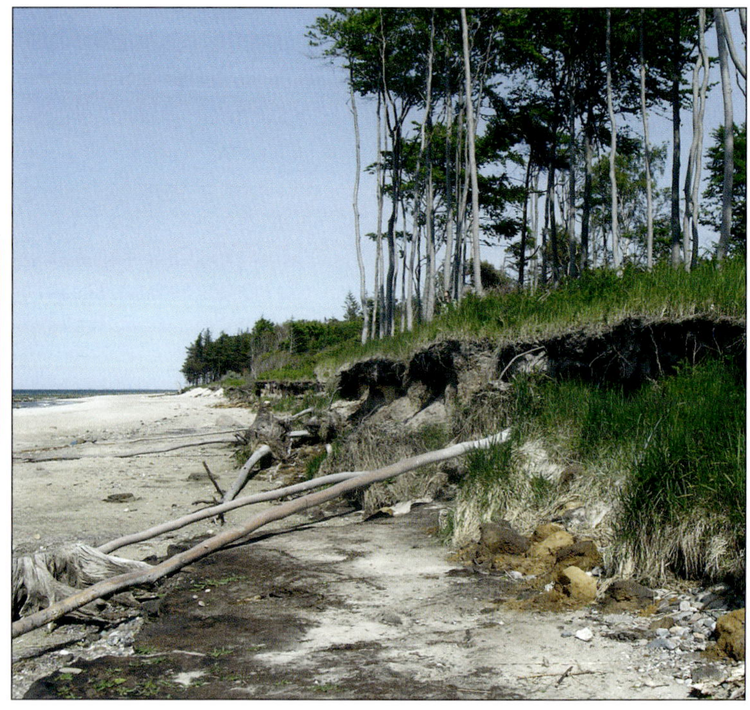

Am Gelben Ufer

häufig der Blick in die unter einer meist nur zehn Zentimeter starken Humusschicht versteckten Sandschichten, die im gesamten Gebiet eine durchschnittliche Mächtigkeit von acht Metern haben, auf. An der Steilküste, oder bei Bodenaufschlüssen im Innern der Heide, kann man in wechselnder Tiefe von meist 30 bis 50 Zentimetern 10 bis 20 Zentimeter starke Ortsteinschichten erkennen. Der Volksmund bezeichnet sie als Klashahn oder Klump. Es ist eine Masse von rostbraunem Sand, der durch sauren Humus und Eisenoxyd verkittet ist und so undurchlässig für Baumwurzeln wird. In der Eisenzeit und auch den darauf folgenden Jahrhunderten nutzte man dieses Gestein zur Eisenverhüttung.

4. Pflanzen- und Tierwelt

Sehr oft stellen Besucher der Landschaft, angesichts der Landschaftsbezeichnung „Nordöstliche Heide“, im Geiste die Landschaftsbilder der Lüneburger Heide vor Augen, die Frage, wo denn hier „Heide“ zu finden sei? Der Begriff „Heide“ ist jedoch viel weiter zu fassen. Die Bezeichnung selbst ist durch die weite, einheitlich mit Flugsand bedeckte Fläche gerechtfertigt, in denen häufig Calluna-Heiden, also das berühmte „Heidekraut“ in Kiefernbeständen, zu finden sind.

Waren einst Kiefer, Wacholder und Birke die dominierenden Baumarten, so wurde im 16. Jahrhundert mit der Fichte die erste fremde Baumart hier eingeführt. Aus dem Schwedischen entlehnt, bezeichnete man sie lange als „Grän“. Im 18. Jahrhundert finden wir die ersten Lärchen. Nur wenige Reste des einst mitprägenden **Eibenbaumes** haben sich bis heute erhalten. Zu ihnen zählt der rund 700 Jahre alte Baum in **Mönchhagen** sowie jüngere Exemplare im Revier Meiershausstelle.

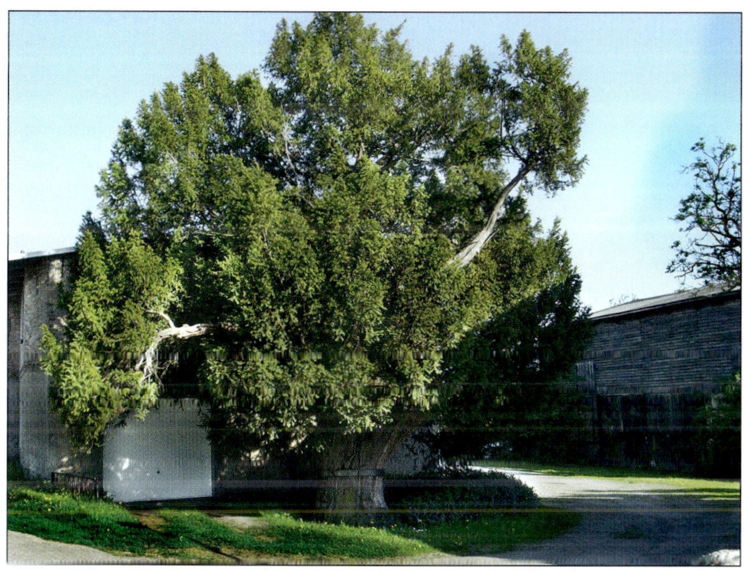

Die älteste Eibe Mecklenburg-Vorpommerns – die Mönchhäger Eibe

Das harte Eibenholz, auch deutsches Ebenholz genannt, wurde von Germanen und Slawen zur Herstellung robuster Bögen genutzt. Im nördlichen Teil überwiegt die Kiefer und weicht nach Süden mehr und mehr der Buche als prägende Baumart. In den Niederungen wechseln sich Erlen, Eichen und Buchen ab. Ab 1781 wurden die Baumbestände im Zuge der Landschaftskultivierung immer vielfältiger; Douglasien, Lebensbaum, Weymouthskiefern, amerikanische Roteichen, Edel- und Rosskastanien finden sich heute hier. Auch die Hülse oder Stechpalme ist flächendeckend Charaktergewächs unserer Landschaft. Durch den jährlichen Vogelzug verbreitet, erreicht sie hier ihre östliche Verbreitungsgrenze. Zu den dendrologischen Besonderheiten der Heide zählen die wenigen Exemplare der in Norddeutschland seltenen Elsbeere. Die Bewohner der Heide bezeichnen sie von jeher als „Huttelbaum".

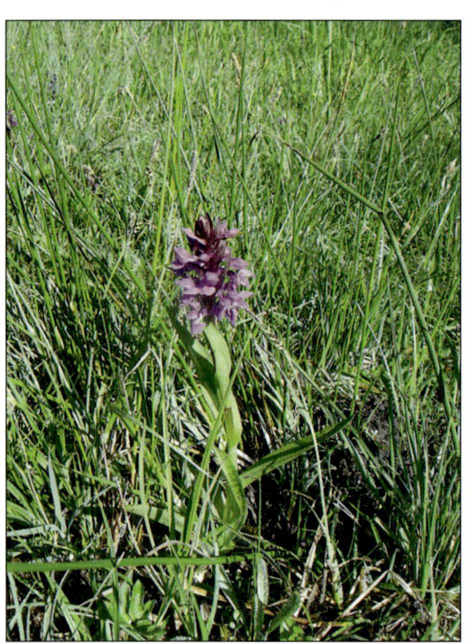

Das Knabenkraut steht als heimische Orchidee unter Naturschutz

Stößt der Wald bis an die Küste vor, so zeigen seine vordersten Bäume eigenartige Wuchsformen. Auf der Seeseite, wo sie am heftigsten vom Winde belastet werden, verkrüppeln sie und wachsen einseitig dem Lande zu. Diese Naturerscheinung bezeichnet man als „Windflüchter".

Größere Küstenbaumgruppen erscheinen wie von einer Riesenschere schräg aufwärts geschnitten. Diese Windschur prägt weitläufig das Küstenbild. An anderen Stellen wiederum beraubt der Sturm die Bäume ihres Laubes. Stark verformt, teilweise kahl und fast gespenstisch ragen ihre Äste auf. Der Volksmund erfand für sie die Bezeichnung „Gespensterwald".

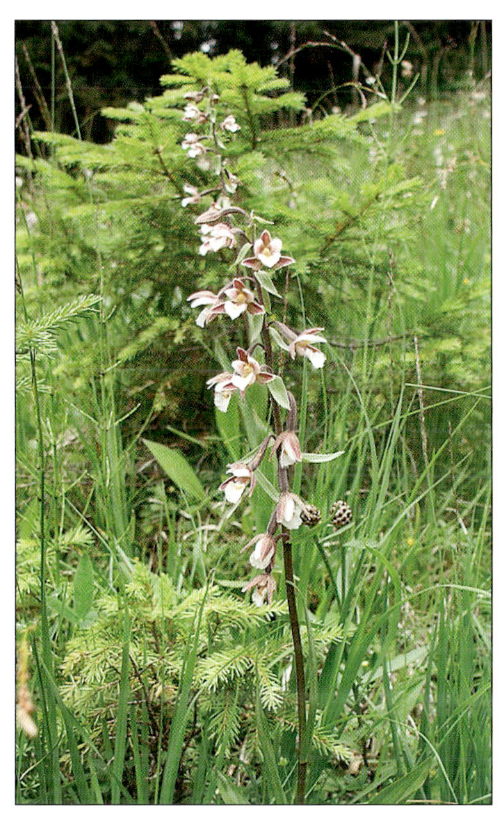

Der Stendelwurz gehört zu den häufiger vorkommenden Orchideenarten

Groß ist die Artenvielfalt der in unserer Heide vorkommenden Farne. Neben dem dominierenden, oft mannshohen Adlerfarn treffen wir Wurmfarn, Eichenfarn, Rippenfarn und Tüpfelfarn. Nach dem seltenen Königsfarn muss man schon etwas suchen.

Nur an Stellen mit besserem Boden finden sich einige Blumen in den Waldbeständen, so der Kleine Siebenstern mit seinen zarten weißen Blüten, das Schattenblümchen und der Sauerklee. Unter den Frühblühern bevölkern weiße und gelbe Anemonen große Randwaldflächen.

Eine ganze Anzahl Orchideen haben in ungestörten Waldteilen ihr Verbreitungsgebiet gefunden. So das Breitblättrige Knabenkraut oder der Braunrote und Breitblättrige Stendelwurz. Aus Skandinavien fand das äußerst seltene Moosglöckchen, die Linnéblume, in unsere Landschaft. Eine ganze Reihe botanischer Besonderheiten fand in den Küstenmooren am Westrande der Rostocker Heide ihr Refugium. In den Moorgräben wächst der Wasserschlauch. Der Gagel ist im Hütelmoor wie auch im Müritz-Ribnitzer Moor reich vertreten. Seine Rinde fand im Mittelalter beim Gerben, in der Volksmedizin und als Hopfenersatz beim Bierbrauen Verwendung. Häufig finden sich teilweise

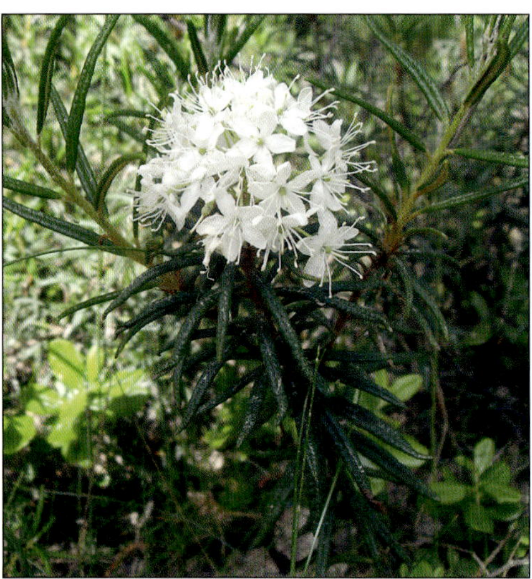

Porst – Edelweiß der Moore

meterhohe Büsche des Sumpfporstes. Dieser wilde Verwandte des Rhododendrons wurde von den Einheimischen als Mottenkraut verwandt.

Rund um den Heiligen See sind die Federbällchen des scheidigen Wollgrases sichtbar. Bis in den Frühsommer hinein trifft man an feuchten Standorten die weit leuchten-

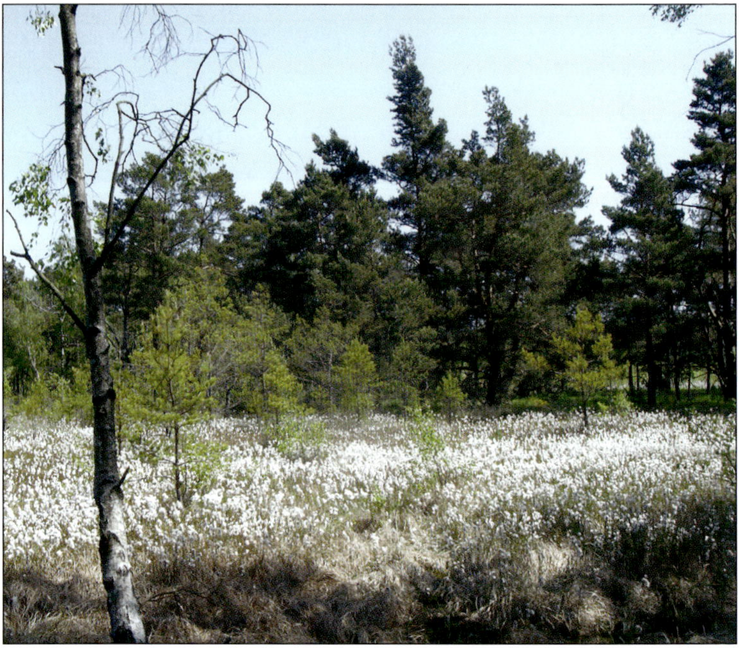

Pflanzen- und Tierwelt

Wollgras im Hochmoor

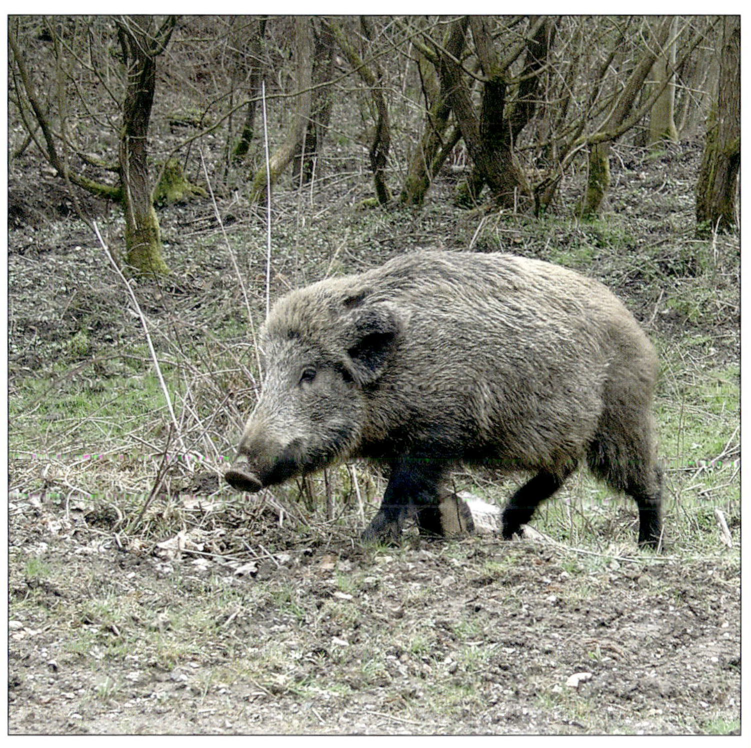

Das Wildschwein findet im weitläufigen Wald ideale Nahrungs- und Rückzugsbedingungen

den gelben Blüten der Wasserschwertlilie. Ein Pflanzenfremdling im Gelbensander Revier ist der Bärlauch. Diese stark nach Knoblauch duftende Gebirgspflanze wurde am Beginn des 14. Jahrhunderts von Skandinaviern hier eingeführt. Nur in Neubrandenburg ist ein weiteres Vorkommen dieser Pflanze in Mecklenburg seit Generationen bekannt.

Die **Tierwelt** der Heide zeichnet sich durch eine große Vielfalt aus. Rothirsch und Wildschwein finden in diesem weitläufigen Areal bislang noch ausreichend ungestörte Rückzugsgebiete. Damwild wandert inzwischen in die Südausläufer des Waldgebietes ein. Selbst am Tage ist Rehwild in großer Zahl auf den angrenzenden Feldmarken anzutreffen.

Auch anderen, meist geschützten Kleinodien der Tierwelt kann man in der Heide begegnen. Der Eisvogel hat hier eines der

größten Brutgebiete Norddeutschlands. Als Wintergast stellt sich regelmäßig die Wasseramsel ein. Der seltene Schwarzspecht kündigt sich bereits aus der Ferne durch seinen prägnanten Ruf an. In stillen Winkeln findet sich der Kranich jährlich als Brutvogel ein. Der Seeadler war einst in ganz Mecklenburg ausgestorben. Nur über der Rostocker Heide zog er noch seine Kreise. Mit etwas Glück kann man seinen majestätischen Flug hier nicht selten beobachten. Am Boden lassen sich neben Zauneidechse, Waldeidechse, Blindschleiche und Ringelnatter auch zwei besonders seltene Reptilien erspähen.
So hat die Natur neben dem bekannten Erscheinungsbild der Kreuzotter mit dem deutlichen Zickzack-Band auf dem Rücken auch eine gänzlich schwarze, ungemusterte Variante dieser heimischen Giftschlange hervorgebracht. Die Heidebewohner bezeichnen sie von alters her als Moor- oder Höllenotter. Die Glatt- oder Schlingnatter hat hier eines der zwei letzten Vorkommen im Bundesland Mecklenburg-Vorpommern. Reich und kaum zählbar vertreten ist auch die Insektenwelt. hier seien lediglich Hirsch- und Nashornkäfer sowie die Rote Waldameise besonders hervorgehoben.
Der besondere Schutz dieser Arten liegt auch darin, ihre Lebensbereiche verborgen zu halten.

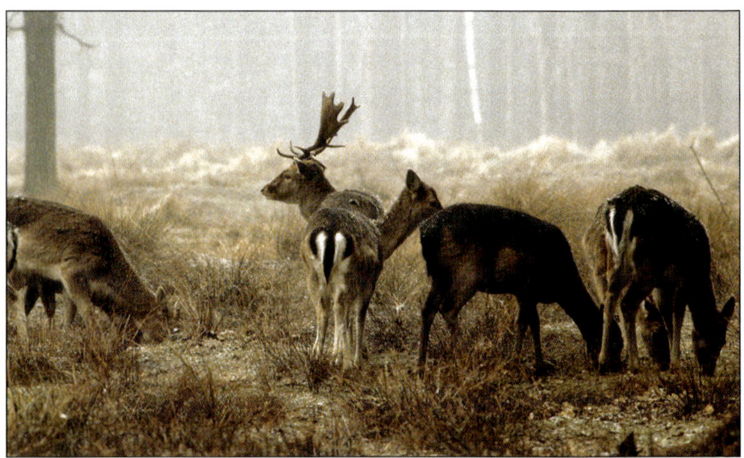

Im Süden der Heide bekommt man Damwild zu sehen

5. Naturschutz

Seit 1996 ist fast die gesamte Nordöstliche Heide Mecklenburgs Landschaftsschutzgebiet. Darüber hinaus wurden die herausragenden Moorgebiete „Hütelmoor“, „Radelsee“, „Schnatermann“ und „Großes Müritz-Ribnitzer Moor“ zu Naturschutzgebieten erklärt.

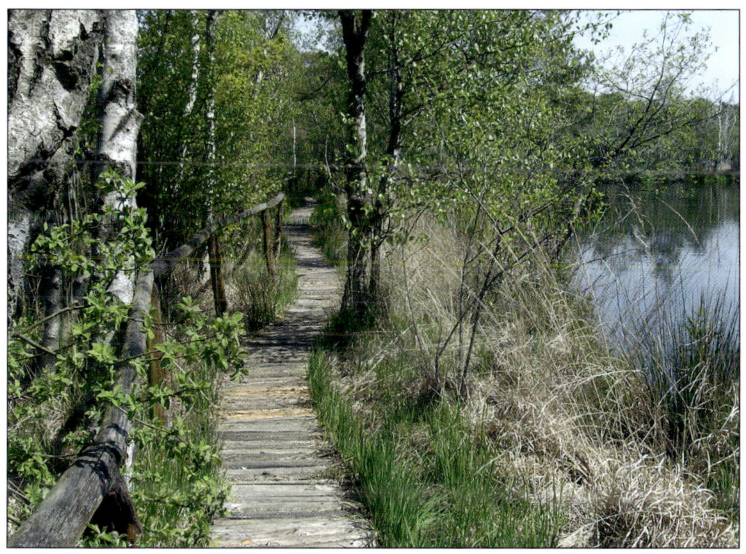

Torfstich im Neuhäuser Moor

Das von der Europäischen Union ausgewiesene Fauna-Flora-Habitat-Gebiet „Wälder und Moore der Rostocker Heide“ ist 3500 Hektar groß. Es soll wegen seiner besonders schützenswerten Pflanzen (Flora), Tiere (Fauna) und Lebensräume (Habitat) erhalten und weiterentwickelt werden. Neben der Größe des Waldes, seiner Geschlossenheit und Vielfalt, ist die Lage direkt an der Ostsee von besonderer Bedeutung. Zwischen Rosenort und Wiedort grenzt der Wald direkt an die See und ein 100-200 Meter breiter Streifen ist von jeglicher Nutzung ausgenommen. Er dient als Schutz der landeinwärts liegenden Gebiete vor den Naturgewalten.
Insbesondere die Rostocker Heide gewinnt auch durch die ökologisch nachhaltige Waldbewirtschaftung immer mehr an Be-

deutung. Hierfür erhielt Rostock im Jahre 2000 als erste Kommune in den neuen Bundesländern das Zertifikat Forest Stewardship Council (FSC). Dieses Siegel für umweltgerechte und zugleich wirtschaftlich und sozial tragfähige Waldnutzung gehört zu den weltweit anerkanntesten und wird von Umweltverbänden wie Greenpeace und WWF besonders unterstützt. Das FSC-Siegel findet sich auf allen hier entstehenden Holzprodukten wieder.

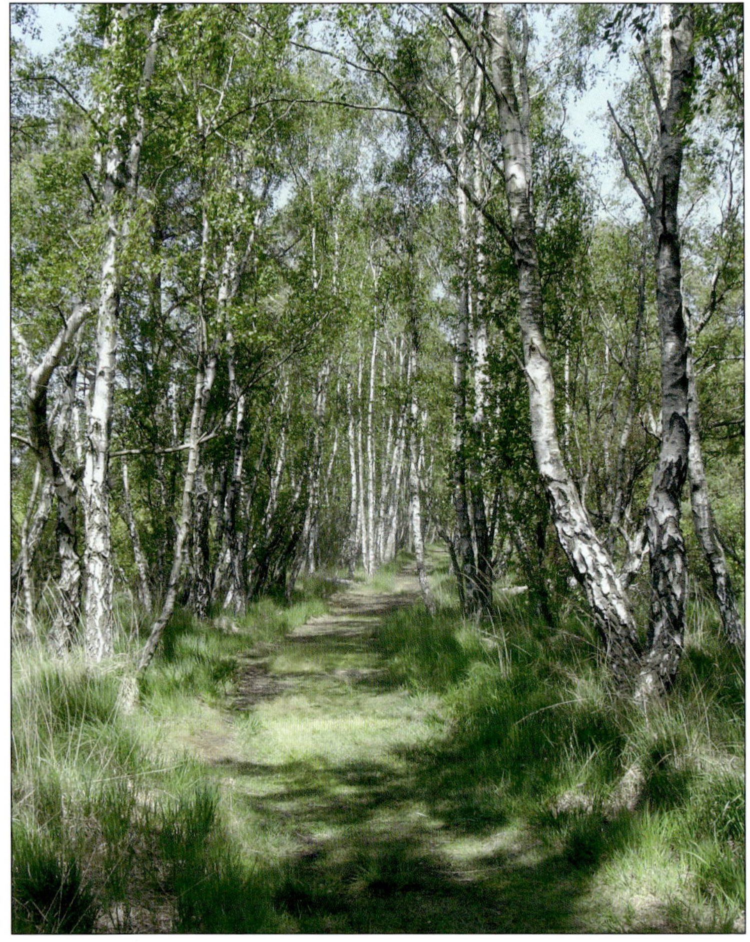

Der Wurzelweg im Großen Moor

6. Sturmfluten

Die Küstenlage an der Ostsee hat nicht nur klimatisch das Leben in der Heideregion beeinflusst. Insbesondere die für das Winterhalbjahr ostseetypischen Sturmfluten waren immer wieder gravierende Einschnitte in das Ökosystem dieser Landschaft und der Menschen die hier Zuhause sind. Über siebenhundert Jahre lassen sich diese stürmischen Zäsuren für unseren Landstrich zurückverfolgen. So erzählte man sich noch zu Beginn des 20. Jahrhunderts die Überlieferung über die „Große Teutonische Wasserflut", auch als Allerheiligen-Flut bezeichnet, im Jahre 1304, bei der ein beträchtliches Stück Landes zwischen Lübeck und dem Darß, also auch von unserer Heide weggerissen worden sei. Verbriefte Überlieferungen über Sturmfluten am Ufer der Rostocker Heide liegen uns seit 1615 vor. In jenem November stürmte es stark von Nordwesten und die Schäden entlang unserer Küste waren groß. Am 10. Februar war in der ganzen Gegend wiederum „Land unter". Die Dünen, zu deren Erhalt man schon in jener Zeit erhebliche Mittel verwendet hatte, waren *„vom Graaler Stromgraben bis Warnemünde zerrissen und niedergestürzet. In dem Walddorf Moor [gemeint ist der 1795 untergegangene Moorhof] ertranken Pferde und Ochsen. Die Menschen haben sich auf den Dachboden gerettet und dort drei Tage ohne Speise gesessen."* Bis in die Niederungen bei Blankenhagen soll das Wasser vorgerückt sein.

Nach der großen Sturmflut im Januar 1807 lässt der Forstinspektor Becker erstmals Versuche mit Buhnen im Küstenschutz unternehmen. Damals rammte man noch Pfahlreihen parallel zur Düne, deren Reste bis zu Beginn des 20. Jahrhunderts sichtbar waren. Auch den Bau eines Deichs, der jedoch nie zur Ausführung kam, regte Becker bereits an. Er schildert: *„Die Stürme und Überschwemmungen haben auf die Heide sehr nachteilig gewirkt, nicht allein durch den Umsturz der Bäume, sondern auch durch das Absterben derselben auf dem salzen Wasser getränkten Boden."* Die nachhaltigste Wirkung in den Köpfen der Heidebewohner hinterließ jedoch die große Sturmflut am 12. November des Jahres 1872. Ein Waldarbeiter berichtete zur Jahrhundertwende so: *„Dor is dat meiste Wader wäst. Dat harr stahn bit an den Sandfurtsweg nah de Chaussee. Dor hebbens sägelt vör de Finster bi Markgafenheid."*

So brach die „Wassernot" alle acht bis zehn Jahre, bis zum 4. Januar 1954 über die Heidelandschaft herein. In den dann folgenden Jahrzehnten haben Dünenerhöhung und -befestigung, sowie ein dichtes Netz von Buhnen die Folgen der Flut eingedämmt. Der stürmische November des Jahres 1995 überzog zuletzt den Küstenstreifen, wie eine Mahnung, den Küstenschutz nie zu vernachlässigen.

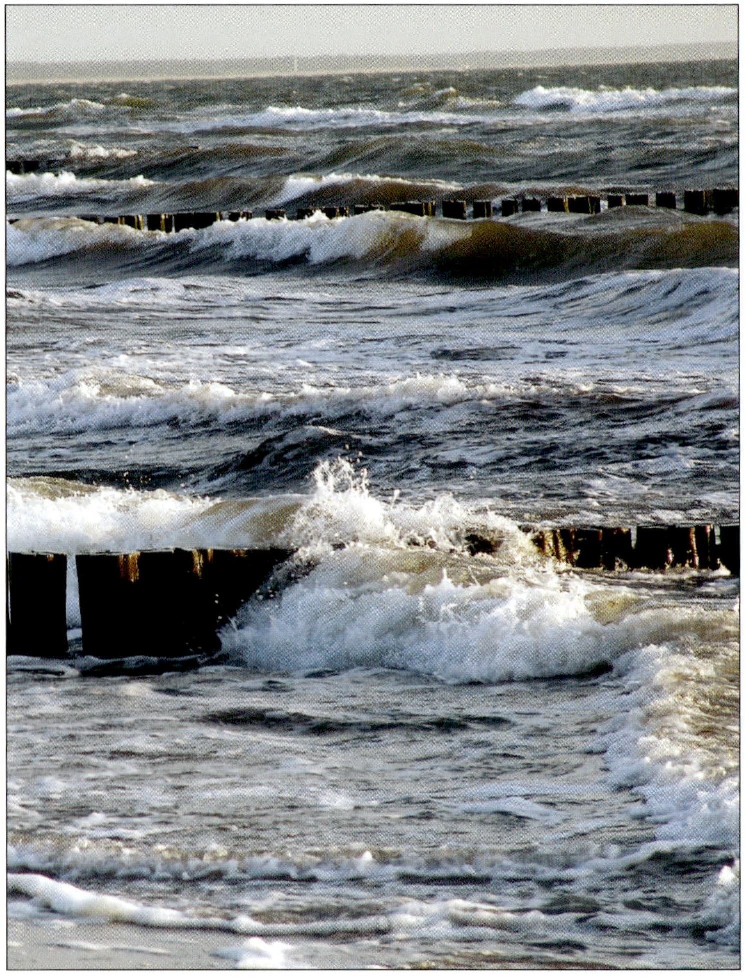

Küstenschutz ist lebensnotwendig

7. Söben Mil' rundüm – Geschichte der Rostocker Heide

Aus grauer Vorzeit

Menschliche Spuren finden sich in der Heide aus bereits weit zurückliegenden Jahrtausenden. Konzentrieren wir uns auf eine Nachzeichnung der Geschichte in der Steinzeit, ist die Ausbeute zwar nicht sehr groß, aber das erklärt sich letztlich aus der für Waldgebiete im Vergleich zu landwirtschaftlichen Regionen seltenen Öffnung des Bodens. Funde von Steinbeilen bei Meiershausstelle, Schnatermann, Willershagen, an der Scheidenschneise sowie ganz besonders an der Küste beim Rosenort belegen, dass schon die steinzeitlichen Jäger und Sammler hier dem Wild nachstellten.

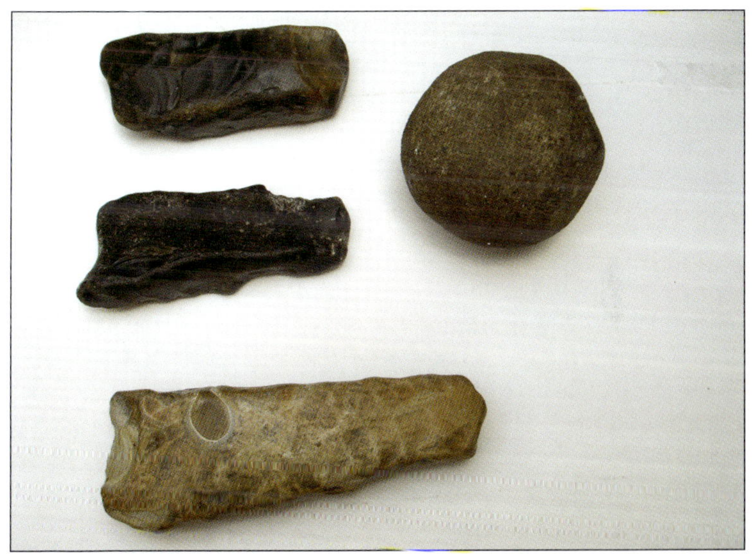

Steinzeitliches Werkzeug fand sich am Rosenort: Steinbeile und Malstein

Aus der Wendenzeit vor rund 1000 Jahren erzählen uns hingegen bereits slawische Ortsnamen wie Pramin, Paepnitz und Zarnetz, sowie der Fund slawischer Wohnstellen am Stolper Ort, in dessen Nähe sich einst ein natürlicher Mündungsarm der Warnow in die See ergoss. In jener Zeit lebten im tiefen Urwald der heutigen Rostocker Heide noch letzte Vertreter der Wildrinder (Auerochse und Wisent), Elch, Wolf und Luchs.

Fünfzig Kilometer, sieben deutsche Meilen, muss der Wanderer unter die Füße nehmen, der es unternimmt, die Grenzen der Rostocker Heide, des großen altmecklenburgischen Küstenwaldes abzuschreiten. „Soeben Mil' rundüm", pflegten die alten Rostocker im behäbigen Gefühl der Wohlhabenheit von ihrem Wald zu sagen. Denn nach altem Brief und Siegel ist die Rostocker Heide Stadtbesitz, und jeder Rostocker Bürger war, wenigstens theoretisch, Mitbesitzer der Stadtforst. Er hatte einst den verbrieften Anspruch darauf, sich aus „seinem" Wald seinen Holzbedarf und seinen Festtagsbraten zu holen. Und er nutzte diese Freiheit so gewissenhaft aus, dass Ende des 16. Jahrhunderts der Rostocker Rat eine einschränkende Forst- und Jagdordnung erlassen musste, die dem Bürger aber doch noch manchen Vorteil beließ. „Soeben Mil' rundüm", das besagt, eine Waldfläche von über 6000 Hektar, das sind nach altmecklenburgischem Maß etwa drei Millionen Quadratruten. Damit aber noch nicht genug. Rechnen wir die Gelbensander Forst, die mit der Heide eine geschlossene Einheit bildet, dazu, so kommen wir sogar auf über zehntausend Hektar.
Es war kein schlechtes Geschäft, das die Rostocker machten, als sie am 25. März 1252, also vor einem dreiviertel Jahrtausend, dem Herzog Borwin III. (die Borwinseiche im Revier Schnatermann erinnerte über Jahrhunderte an ihn) den Wald für 450 Mark Rostocker Pfennige abkauften. Das war ein ansehnlicher Betrag zu jener Zeit, als die Mark ein halbes Pfund Silbergewicht bedeutete und Rostocker Pfennige noch blanke Edelmetallmünzen waren. Aber er hat sich gut verzinst, wobei ökologischer und ästhetischer Wert dieser Landschaft noch nicht einmal in Rechnung gestellt werden können. Filtern doch die grünen Blätter und Nadeln permanent Staub aus der Luft und erzeugen Sauerstoff. Als rechnerisches Gleichnis betrachtet, ist die Hansestadt Rostock wohl die einzige Großstadt Deutschlands, die mit ihrem grünen Besitz ausreichend Sauerstoff für seine Bürger als Selbstversorger erzeugt.
Rostocker Heide nennt sich das Gebiet. Die unterschiedlichsten Arten von Waldbildern mit ihren wechselnden Farbtönungen

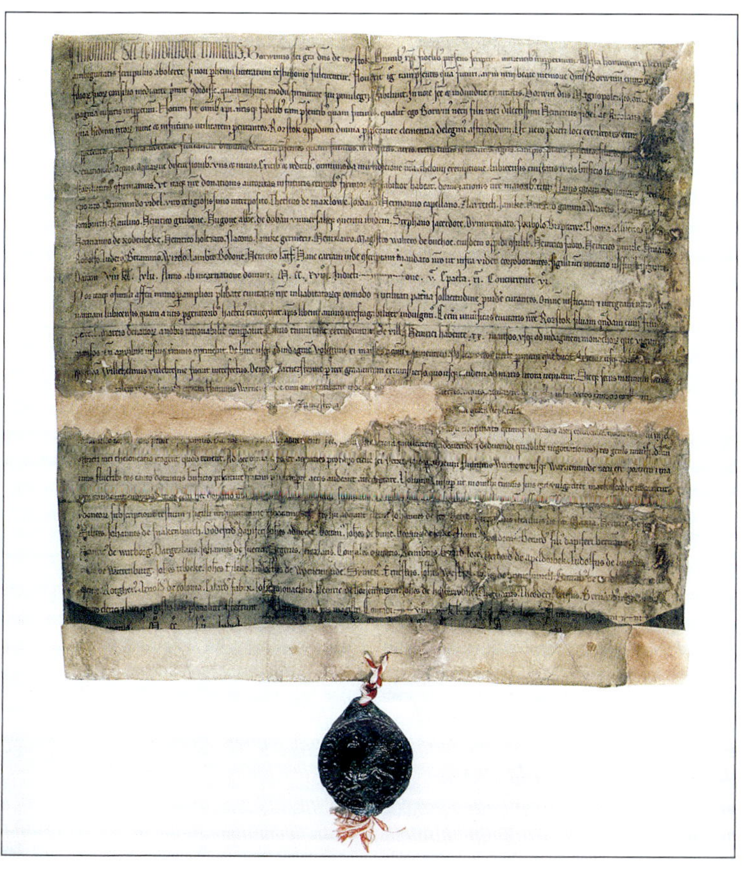

Die Kaufurkunde der Rostocker Heide vom 25. März 1252

am Küstensaum machen die Heide zu einem unvorstellbar schönen Waldwanderungsrevier. In kilometerlangem, oft schnurgeradem Lauf, stoßen in den Wald die Schneisen hinein, die der jagdlüsterne Herzog Karl Leopold seinen getreuen Rostockern im Jahre 1777, zur Erhöhung seines „Jagdplaisirs", von Herzen gern abgenommen hätte. Die gerade ausgehauenen Jagdschneisen ließ der Herzog, sehr zum Missvergnügen des Rostocker Rates, durch den Wald schlagen. Es gab viel Lärm und Streit, und schließlich ließ der Herzog E. E. den Rat in seiner Gesamtheit durch sein Militär kurzerhand einsperren, und nicht einmal der Kaiser im fernen Wien konnte den bedrängten

Stadtvätern in ihrer Not zunächst helfen. Viel später dann, als Rostock sich seines Besitzes wieder unangefochten erfreuen konnte, wuchs die Erkenntnis, dass die viel beschrieenen Schneisen gar nicht so übel waren. Durch sie wurde schließlich die Heide, um deren Zugänglichkeit es bis dahin übel bestellt war, überhaupt erst erschlossen. Der Wald hat nämlich seine Mittel, sich den Menschen vom Leibe zu halten.

Menschliche Siedlungen sucht man in seinem Inneren bis heute fast vergeblich. Die Landschaft ist die dünnst besiedelte in Mecklenburg-Vorpommern. Selbst die Förstereien bleiben meist vorsichtig am Saume liegen. Die zur Heide gehörigen Dörfer aber ziehen sich in angemessenem Abstand rings um ihren Südrand, alles lang gestreckte Hagendörfer: Hinrichshagen, Rövershagen, Behnkenhagen und Willershagen. Jedes ein altes Rodungsdorf, auf einem Landstrich, der in alten Zeiten in mühseliger Arbeit dem Wald abgetrotzt worden war. Noch bis zum Ende des 18. Jahrhunderts war die Heide ein rechter Urwald, fast ohne Spur von dem was man heute als Forstwirtschaft bezeichnet. Ein Ausbeutungswald, der dem Rostocker sein Brenn- und Bauholz lieferte, dem Schiffbauer seine Spanten, Planken und Masten, der Schützenzunft den Königsschusshirsch und dem „kleinen Mann“ den nicht gerade wohlriechenden Torf. Schließlich hat sich die Waldlandschaft ganz dem menschlichen Tun fügen müssen. Die Einsicht und die Energie des Rostocker Forstmeisters Becker schuf die Grundlagen zu dem musterhaften Forstbestand, der sich im Laufe des 19. Jahrhunderts entwickelte.

Nun erst hörte man auf, ihn parallel als Viehweide auszubeuten. Denn noch in jener Zeit brachen nicht nur Wildschweine den Boden auf, sondern auch der Bauer trieb sein rosafarbenes Borstenvieh zur Ausnutzung der kostbaren Eichel- und Buchenmast hier ein, um es im Herbst, halb verwildert, aber schnickenfett, wieder einzufangen. Den Schweinen bekam das, dem Wald weniger. Erst mit Beckers Wirken begannen sich wieder geschlossene Waldverbände zu entwickeln. Er ließ planmäßig, auch unter Verwendung neuer, fremder Baumarten aufforsten. Die Einhegung der Bestände führte nun zu einer Steuerung des Wildfraßes. Die dem Wanderer oft ärgerlichen Drahtzäune sind also wichtige Notwendigkeit zum Besten des Waldes.

Weltabgeschieden war die Heide nie. Friedliche und kriegerische Spuren hat der Mensch hier hinterlassen. Schon in der Kaufurkunde wird von einer Mordstelle am Südostrande der Rostocker Heide bei Schwarzenpfost gesprochen. Unheimliche Kunde spinnt sich um das Kreuz das 1669 an jenem Ort aufgerichtet wurde, wo der Sage nach der Jäger Brandt vom Teufel höchst persönlich geholt wurde. Und Ulrich von Hutten, Anfang des 16. Jahrhunderts Rostocker Student, wurde auf dem Wege von Greifswald nach Rostock irgendwo in der Heide überfallen, ausgeplündert und gar übel zugerichtet. In friedlicheren Zeiten entdeckten Menschen die Heide, die am Genuss der Natur, wie sie nur ein solcher Wald bieten kann, Erholung und Kraft fanden. Zwei besonders namhafte Wandersleute in dieser Landschaft schöpften hier einst ganz wesentlich die Stoffe für ihre Literatur: Heinrich Seidel und Johannes Trojan, der eine geborener, der andere „gelernter“ Mecklenburger, wie er gern sagte. Fast 25 Jahre hindurch trafen sie sich, der eine von Warnemünde, der andere von Graal-Müritz kommend, an jenem Landvorsprung, welcher der Rosenort oder weniger poetisch „de hoge Snut“ genannt wird, um dort das überwältigende Zusammenspiel von Wald, Meer und Himmel zu genießen. Deren Schwärmerei von diesem Landstrich hatte selbst Auswirkungen auf die Literatur des mit ihnen befreundeten amerikanischen Literaten Mark Twain.

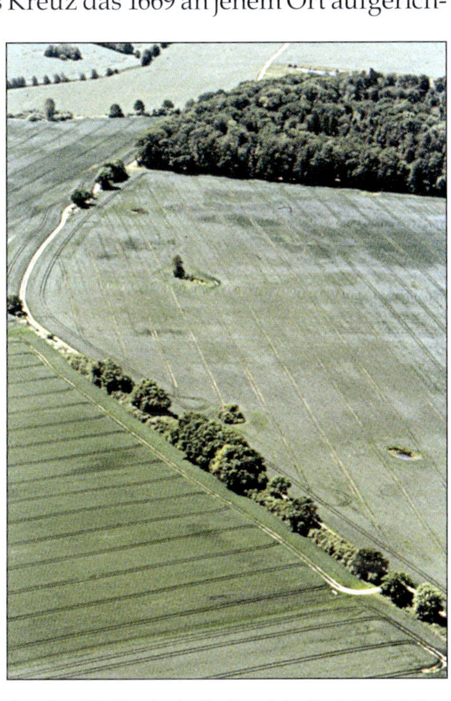

An der Waldecke befindet sich die Mordstelle aus der Heideurkunde und ist östlichster Punkt der Rostocker Heide

Dessen Idee für seinen Weltroman „Die Eine-Million-Pfund-Note“ durch Erlebnisse der beiden Heidefreunde hier ausgelöst wurde.

Bis zum Ende des 18. Jahrhunderts kann man die Rostocker Heide getrost als Urwald bezeichnen. Von geregelter Forstwirtschaft war lange keine Rede. Die Berechtigten, und das waren alle Rostocker Bürger, holten sich ihr Holz, zunächst wo und wie viel sie wollten. Schiffer und Fischer, Böttcher und Gerber (Eichenlohe!) suchten sich die Stämme aus, die ihnen für ihre Zwecke tauglich erschienen. Wer ein Haus bauen wollte, hatte die Berechtigung sich das Holz hier zu schlagen. Für Mühlen und Hafenbauten brauchte man viel Holz, aber niemand dachte daran, für Nachwuchs zu sorgen. Schließlich musste die übermäßige Holzabfuhr gesteuert werden. Der Magistrat der Stadt der das Direktorium über die Heide hatte, traf strenge Bestimmungen. Im 16. Jahrhundert wird festgesetzt, dass kein grünes, sondern nur trockenes Leseholz geholt werden darf. Ab 1555 durfte niemand ohne Erlaubnis Holz aus den Waldungen holen. Besonders scharfe Bestimmungen wurden gegen das Holzholen über das Eis der Warnow getroffen. 1702 werden harte Verbote wider Holzdieberei erlassen. Die Zu- und Abfuhr des Holzes war wenig geregelt; die Wege wurden von den Fuhrleuten im Walde willkürlich ausgefahren. Merkwürdigerweise machte das Heidedepartement dauernd Schwierigkeiten, als von Fachleuten die Anlage guter Wege und Schneisen gefordert wurde.

Ordnung zog erst mit der Anstellung des dann über Jahrzehnte verdienstvoll wirkenden Forstmeisters Hermann Friedrich Becker ein.

Ebenso wenig wie die Holzbewirtschaftung war die Jagd geregelt. In alten Zeiten hatte jeder Rostocker Bürger das Recht, sich seinen Festbraten zu holen, wenn er ihn brauchte. Bei den Königschussfeiern wurde den Bürgern ein Stück Rotwild und vier Rehböcke oder sechs Rehe geliefert.

Um schließlich Ordnung in die gewachsenen Missstände zu bringen, gründete der Rostocker Rat etwa 1533 das Heidedepartement. Dreißig Jahre später setzte man mit Hans Beckentin erstmals einen Heidevogt ein, der als Analphabet die ihm gestellten Aufgaben jedoch nicht bewältigte. Man verordnete, dass fremden Jägern in der Heide, ohne Ansehen der Person, Pferde und Hunde erschossen werden sollten. Über die Jagd selbst finden sich interessante Bestimmungen:

16. Jh.

- *„Auf den Stadt Gütern kann jeder Bürger jagen, nur nicht zur Unzeit, wenn billig das Wild geheget werden soll"*
- *„Fremde Winde, Jagd-Hunde, Netze und Garn soll niemand auf die Heyde bringen."*

1589

- *„In der Rost. Heide soll kein Jagen noch Schießen veranstaltet werden, es sey denn zu vörderst gehörige Ordre dazu gestellet"*

Schon früh wurden einige Heideschützen angestellt, die nach Anweisung für Holzeinschlag und Jagd zu sorgen hatten. Diese waren jedoch meist Jäger und keine Forstleute und liebten den Trunk. Sie fuhren Holz, schenkten Branntwein ein und standen mit allen, die Holz brauchten, in bester Harmonie. Die Heide blieb weiterhin ein willkürlich behandelter Urwald. Es dauert noch zwei weitere Jahrhunderte bis sich wirklich eine Verbesserung der Verwaltung und Bewirtschaftung der Rostocker Heide abzeichnet.

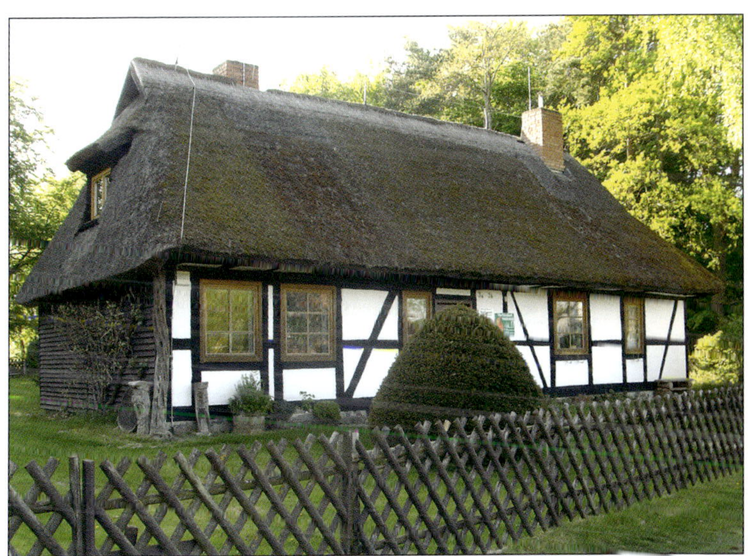

Der ehemalige Forstfuhrmannshof in Wiethagen

Als ersten Schritt dazu verabschiedet der Rostocker Rat 1722 das:
„Reglement so von E. E. Rath mit Bewilligung der Ehrliebenden hundert Männer gemacht worden, nach welchen die Jagt in der Rostocker Heyde zum Nutzen gemeiner Stadt zu administriren und welchem hinführo, biß zu fürder Ordnung E. E. Raths und Ehrliebende Bürgerschaft nach zugehen ist."
Ab 1757 gesellen sich zu den Heideschützen einige fest angesiedelte Baumwärter, eine Frühform der Förstereien. Erste bescheidene Anfänge einer Forstbewirtschaftung nehmen ihren Anfang. Deshalb wurde 1763 ein Forstdepartement gegründet, das die Heide nun unter fachmännische Leitung stellte. Drei Jahre zuvor hatte der Rostocker Stadtbeamte Möller eine Denkschrift zur besseren Bewirtschaftung der Heide eingereicht:
„Unvorgreifliche Gedanken von der Einrichtung eines Land-, Forst-, Jagd- und Wirtschaftscollegii und über Verbesserung der Rövershäger Holzung"
Sie sollte fortan Arbeitsgrundlage, ihr Verfasser zukünftig der erste Forstinspektor der Rostocker Heide sein. Möller meinte, dass einer geregelten Waldwirtschaft die Vermessung der Heide vorausgehen müsse. In deren Ergebnis zuverlässige Wirtschaftskarten entstehen, sowie eine komplexe Forsteinrichtung. Was er auch bald darauf in Angriff nahm. Unterstützend wandte sich die Rostocker Bürgerschaft an den Herzog, die Angehörigen der Schweriner Forstverwaltung, Oberforstinspektor Wulff und Oberförster Jeppe „Für einige Tage" nach Rostock zu entsenden, damit sie als anerkannte Forstmänner eine Besichtigung der Heide vornehmen und später ein Reglement ausarbeiten sollten. Das Ergebnis ihrer schließlich fünf Jahre währenden Arbeit widerspiegelte sich dann 1774 im:
„Landesherrlichen Regulativ der Verwaltung der sogenannten Rostocker Heide"
Das theoretische Konzept für eine nachhaltig angelegte Forstwirtschaft und die als Werkzeug notwendigen Wirtschaftskarten lagen nun vor. Streit mit der Rostocker Obrigkeit behinderte jedoch die Ausführung der so progressiv angegangenen Forstreformen ständig. Verzweifelt setzt Möller nach 14-jährigem Ringen seinem Leben ein Ende. Auch seinem Nachfolger, dem Forstinspektor Rödler, gelang dessen Umsetzung nicht.

Der erste wirklich forstwirtschaftlich vorgebildete Beamte war seit 1791 der hochverdiente Forstmeister Hermann Friedrich Becker. Erst unter seiner Leitung setzte eine forstmännische Pflege des Waldes ein; aus dem Urwald wurde nun ein Kulturwald.

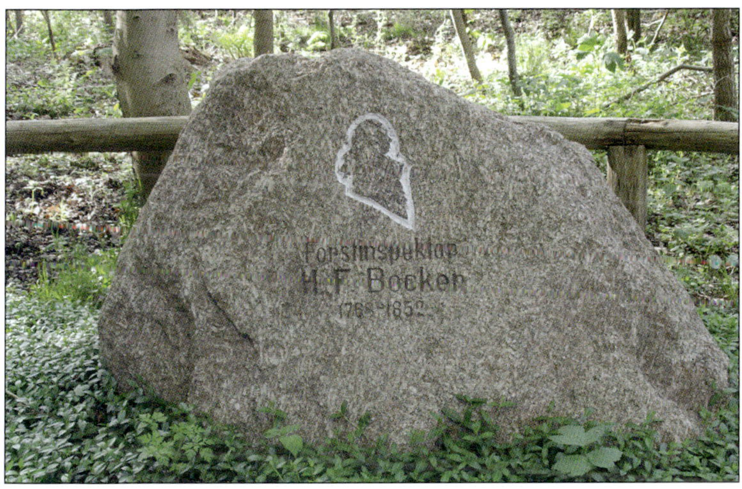

Der Gedenkstein für Forstinspektor Becker

Er begann damit, noch einmal eine komplex selbst vermessene Forstkarte der Rostocker Heide zu fertigen. Noch im selben Jahr ließ er erste planmäßige Aufforstungen vornehmen und führte eine Eichenzählung durch. Eines seiner Ziele war, in der Heide ein regelmäßiges Schneisennetz anzulegen. Da kaum intakte Wege vorhanden waren, fuhr bislang jeder so, wie es das unwegsame Gelände gerade zuließ. War eine Wagenspur zu tief eingefahren, entstand daneben eine Neue. Mit seinem Schneisenprojekt stieß Becker auf den Widerstand der Rostocker Ratsherren. Nach Jahren des Kampfes mit den Stadtoberen handelte er schließlich auf eigene Faust und legte die Bauernwiesenschneise an. Die erste Reaktion seiner Dienstherren war ein gehöriger Verweis. Als die neue Schneise sich jedoch schließlich bewährt hatte, erlangte der Forstinspektor noch verspätete Anerkennung. Alsbald setzte Becker auch der seit Generationen gewohnten Holzweide konsequent ein Ende. Bis dahin verhinderte das zur Weide in den Wald getriebene Vieh jegliche Verjüngung des Waldes. Die Landschaft erlangte ihr natürliches Gleichgewicht wieder. Mit der im wesentlichen bis in unsere Tage gültigen Aufteilung der Rostocker Heide in fünf Forstreviere fand die erste Forsteinrichtung unter Beckers Leitung zunächst ihren Abschluss. In dieser Zeit sorgte er auch für Aufforstungen und ließ die heute noch existierende Teerschweelerei erbauen. Seine drei Nachfolger entstammten alle der so genannten „Garthe-Dynastie". Ab 1828 wirkte Georg Garthe an Beckers Seite. Von 1846 bis 1860 leitete er nun den städtischen Waldbesitz umsichtig und effektiv. Als ihn schließlich der Ruf an den Schweriner Hof erreicht, tritt sein jüngerer Bruder Julius an die frei gewordene Stelle und füllt das Amt für die folgenden 37 Jahre aus. Er widmet sich besonders der Gewinnung hochwertigen Saatgutes. Seit seiner Zeit wurden Zapfen der besten Wertholzkiefern nach Errichtung des Samenhauses in Wiethagen geklengt (in Folge eines speziellen Trocknungsprozesses springen die Zapfen auf und die Samen fallen heraus). Im Jahre 1895 trat an dessen Stelle nun sein Sohn, Max Garthe. Diesem fällt in der Hauptsache das Verdienst zu, die Jagd in der Heide hochgebracht zu haben.

Bei der Regelung des Geschlechterverhältnisses im Rotwildbestand und der Verbesserung der Äsung, nahm die Stärke der Hirsche und des Wildes allmählich zu, bis schließlich wirkliche Kapitalhirsche vorhanden waren. Hier in der Heide kam also schon sehr viel früher *„die Hege mit der Büchse"* zur Anwendung als Graf Sylva Tarouca diesen Ausdruck in seinem Werke *„Kein Heger – kein Jäger"* wohl als erster in der Fachliteratur gebraucht hat. Max Garthe als letzter der Dynastie wird 1914 gleich zu Beginn des Ersten Weltkrieges eines seiner Opfer. Im Revier Torfbrücke hat man ihm einen großen Findling zum Gedenken errichtet. Um die Stelle des im Krieg gefallenen Forstinspektors Max Garthe neu zu besetzen, hatte man 1918 Charles Bencard in den Dienst der Hansestadt genommen. Als Enkel eines früheren Bürgermeisters der Stadt hatte er hier einen klangvollen Namen. Sich den Zielen und der Tradition seines Amtes bewusst, begann er sein Wirken im Jahre 1921 mit einer großen Zwischenrevision der Beckerschen und Gartheschen Waldwirtschaft. Er war zu jener Zeit einer der Vertreter der Möllerschen

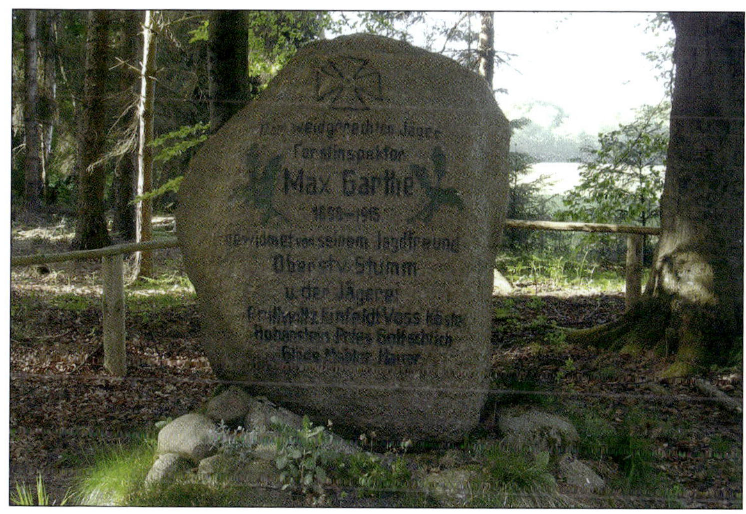

Der Gedenkstein für Förster Max Garthe

Dauerwaldidee, die er hier umzusetzen versuchte. Im Jahre 1925 fiel auf seine Veranlassung am Hinrichshäger Krug der letzte Heideschlagbaum. Nach 1933 bekannten sich die meisten Förster der Heide zum Nationalsozialismus, nicht so deren „Chef" Charles Bencard. Dem Gauleiter Hildebrand und dem NS-Bürgermeister Volgmann war ein parteiloser Forstaufseher und Jagdleiter unbequem und hinderlich, so dass man ihn 1942 zwangspensionierte. Bald darauf zu der Erkenntnis gelangt, dass sich auf diesen Fachmann nicht gut verzichten lässt, wird der 67-jährige kurzerhand dienstverpflichtet. In den Kriegs- und Nachkriegsjahren war sein Bemühen darauf gerichtet, den Heidewald vor gravierenden Holzeinschlägen für Rüstung und nach Kriegsende zur Reparation weitgehend zu schutzen. Nach Ende des Krieges setzt die neue Stadtverwaltung den erfahrenen Forstmann wieder in seine alte Funktion ein.

Von 1946 bis 1951 erfolgt unter seiner Leitung die zweite große Aufforstung der 700 Hektar umfassenden Kriegskahlschläge und Brandflächen. Mit seiner Pensionierung hatte er diese Aufgabe bis auf eine Restfläche von 90 Hektar abschließen können. Mit dem Ende seiner Amtszeit schrieb Bencard die letzten Zeilen in die einst von Hermann Friedrich Becker begonnene Heidechronik:

„Im Juni 1951 geht die Rostocker Heide, die am 1. März 1951 gerade 700 Jahre Eigentum der Stadt gewesen ist, in das Eigentum des Staates über. Die Heide wurde schon um 1600 das „Kleinod der Stadt Rostock“ genannt und da sie auch für die Zukunft die Lunge der sich immer mehr vergrößernden Stadt bleiben wird, ist es zweifellos zu bedauern, dass der Rat der Stadt jetzt gänzlich ausgeschaltet ist. ...Der schöne artenreiche Wald ist in der Nähe einer Großstadt eine noch größere Förderung des Nationalreichtums als die Verbesserung der Holzwerte. Die jetzt überhand nehmenden Kahlschläge sind bedauerlich.“
Charles Bencard

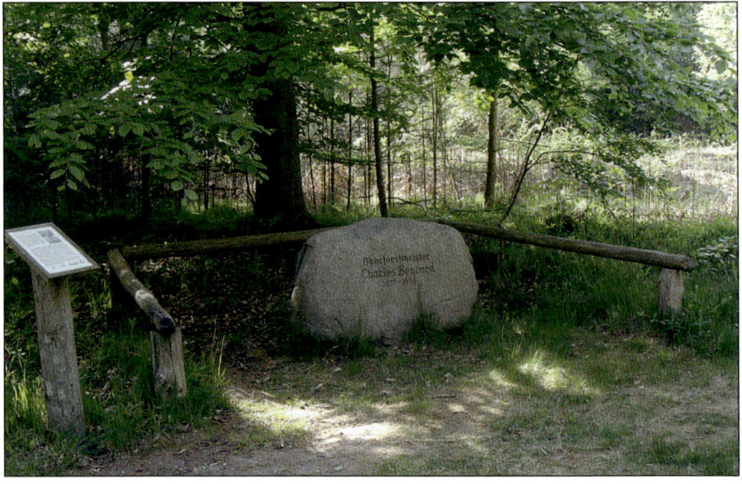

Gedenkstein für Charles Bencard – unter seiner Leitung erfolgte die zweite große Aufforstung

Nach dem Ende des Ersten Weltkrieges suchten die Mitglieder vieler Vereine in der Rostocker Heide Erholung und Entspannung. Bei Markgrafenheide entstanden die Häuser des Naturheilvereins, des plattdeutschen Vereins „Unkel Bräsig“, der Moorhof am Rande des Hütelmoores und andere. In der Schwanberger Heide bei Graal errichteten Enthusiasten das „Haus Uhlenflucht“. Im Jahre 1920 gestattete die Forstverwaltung der Stadt Rostock die Übernahme des Waldhauses durch die sozialdemokratische „Freie Jugend“ Rostock, sowie den „Wandervogel e.V.“, die das Haus gemeinsam nutzten. Bis heute

lebt die Erinnerung an den guten Geist des Hauses Karl Planeth, der im guten Verhältnis mit den Heideforstleuten den Wanderfreunden aus ganz Deutschland Landschaft und Herberge öffnete.
Ein Jahr darauf, am 3. April 1921, feierten „Die Naturfreunde" am Strande bei Torfbrücke das Richtfest für ihr „Haus Ulenflucht". Den Baugrund hatte die Forstverwaltung zur Verfügung gestellt. Der Bau der Hütte kostete 1800 Mark, viel Geld zu damaliger Zeit. Lange hatten die Mitglieder dafür sparen müssen. „Hus Uhlenflucht" etablierte sich zu einem beliebten Ausflugsziel der Rostocker Arbeiterschaft. Fast alle Wanderhäuser

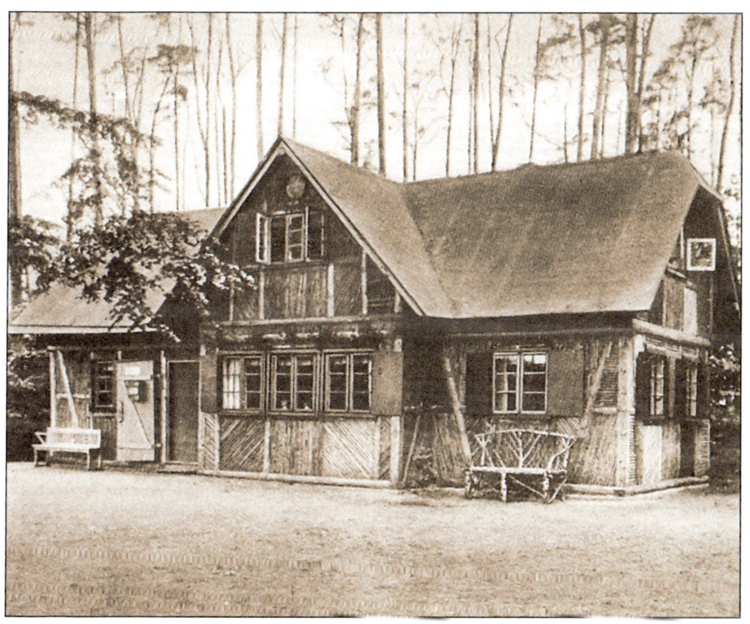

Das Haus Uhlenflucht um 1925

ereilte in der Zeit des dritten Reiches das gleiche Schicksal. Zwangsenteignet gingen sie in die Gewalt von Nazi-Organisationen über und wurden bald darauf abgerissen.
Seit dem Kauf der Heide verteidigten die Rostocker ihre damit erworbenen Rechte mit zwar wechselnden Erfolgen, letztlich aber konsequent gegen äußere Ansprüche. Siebenhundert Jahre

verblieb die Rostocker Heide im Eigentum der Hansestadt, bis 1952 alle kommunalen Waldflächen in staatliche Bewirtschaftung überführt wurden. Rund die Hälfte des Waldgebietes wurde seit Beginn der sechziger Jahre als militärisches Sperrgebiet ausgewiesen und damit für seine ursprünglichen Eigentümer mehr und mehr unzugänglich. Mit der Erfüllung der Restitutionsansprüche der Hansestadt wurden neben den 1992 zugeordneten Flächen des ehemaligen Staatlichen Forstwirtschaftsbetriebes Rostock im Juli 1993 auch die Militärflächen rückübertragen und vom Rostocker Stadtforstamt übernommen. Ab 1994 begann die Renaturierung von über 200 Hektar ehemaliger Militärgebiete im Rahmen von EU-Programmen. Der Wald mit seinen „Soeben Mil' rundüm" ist in das Eigentum der Hansestadt zurückgekehrt.

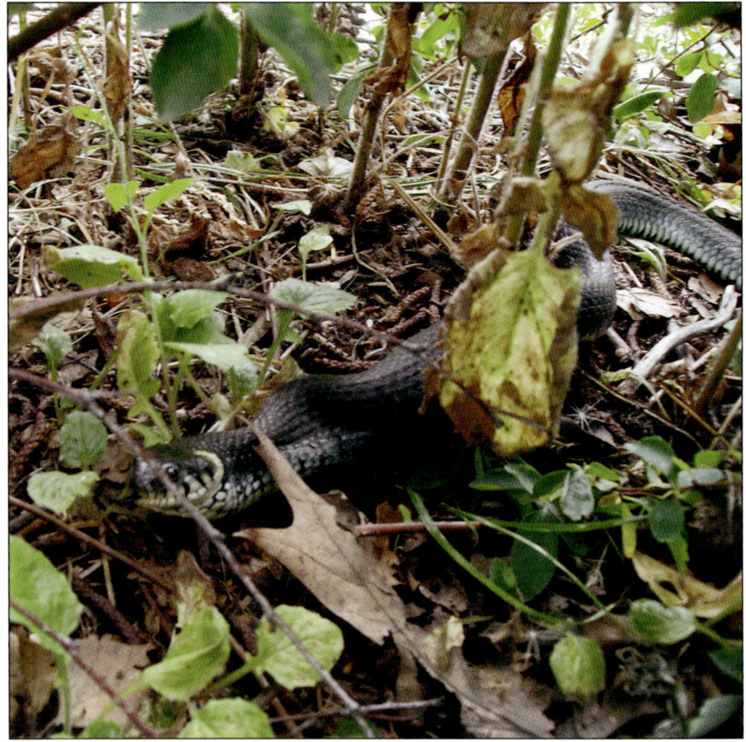

Ringelnatters Frühstück – ein Frosch

8. Geschichte der Gelbensander – Ribnitzer Forst

Einst höfisches Jagdrevier – Landschaft Ribnitzer Forst, Gelbensander Forst, Forst Alte Heide

Betrachten wir die historische Entwicklung des östlichen Teils jener größten Küstenwaldlandschaft, so umfasst sie angesichts schriftlicher Belege ebenso einen Zeitraum von mehr als 750 Jahren. Das erste fixierte Datum berichtet uns von der größten Zäsur in der Landschaftsgeschichte, eben deren Teilung. Bis zum 25. März 1252 befand sich das gesamte geschlossene Waldgebiet zwischen Rostock und der Recknitz-Mündung im Besitz der Landesfürsten. Nun verkaufte Fürst Borwin III. die mehr als 6000 Hektar umfassende Westhälfte an die Hansestadt Rostock. Die in ihren Grundzügen bis in unsere Tage anhaltende Teilung in „Rostocker Heide" und „Fürstliche Heide" war vollzogen. Fortan machten diese beiden Waldhälften eine differenzierte Entwicklung durch. In der Rostocker Heide dominierte der Holzerwerb, in der fürstlichen Heide prägte die höfische Präsentationsjagd die weitere Entwicklung der Landschaft. Aus einer Urkunde, datiert am 20. April 1262, ist zu entnehmen, dass die Jagd nicht mehr der Allgemeinheit zustand, sondern dass ihre Ausübung bereits allmählich als ein besonderes, mit dem Eigentum an Grund und Boden verbundenes, und aus diesem entspringendes Recht verstanden wurde. So stand nun die „Hohe Jagd", also Hetz-, Pirsch- und Beizjagden auf Edel-, Reh-, Schwarzwild, Auer-, Birk- und Haselhuhn, Fasan, Trappe, Kranich und Adler, ausschließlich dem Landesherrn zu. Auf alle übrigen jagdbaren, in der Heide vorkommenden Tierarten, die „Niedere Jagd", also Hühnerfang mit dem Hühnerhund sowie Habichtsbeize auf den Hasen, gestand man auch dem niederen Adel, städtischen bzw. klösterlichen Beauftragten in Form von Privilegien zu. Einfachen Untertanen war nur das Vogelfangen mit Leimruten (Leimspillenausleger) gestattet.

Wann der einst hier vorkommende letzte Auerochse erlegt worden ist, kann heute nicht mehr festgestellt werden. Dass er, genauso wie der Elch, einmal recht häufig anzutreffen war, belegen jedoch gelegentlich bei Erdarbeiten gemachte Funde. Auch Luchs, Bär, Wolf, Auer-, Birk- und Haselhuhn waren hier ursprünglich heimisch. Teile der Fürstlichen Heide gelangten ab 1328 durch Schenkung der Landesfürsten in den Besitz des

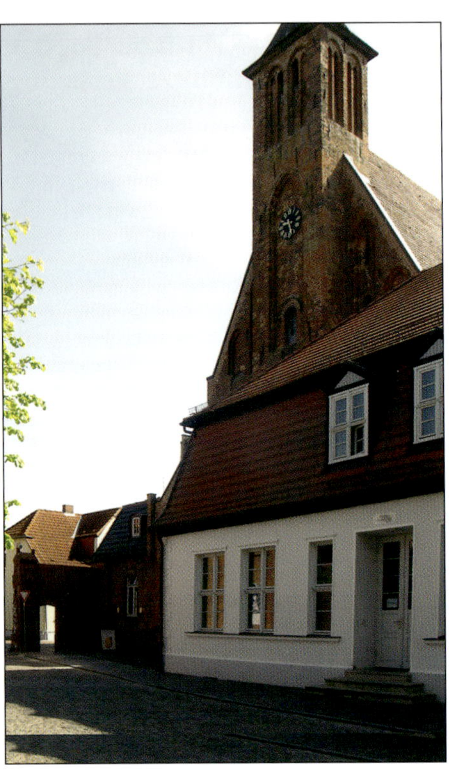

Das ehemalige Klarissenkloster in Ribnitz beherbergt das Deutsche Bernsteinmuseum

Klarissenklosters zu Ribnitz. Dieser Streubesitz umfasste im 16. Jahrhundert Waldflächen bei Dierhagen, Müritz, Altheide / Neuhof, Petersdorf und Wilmshagen, laut der Klosterchronik von Lambert Slaggert: „Waldungen um rund 1000 Schweine feist zu machen". Eine Größenbestimmung, die uns zugleich von einer weiteren Art der Waldnutzung, der in Teilen bis Anfang des 19. Jahrhunderts anhaltenden Waldweide, berichtet. Wald und Schweinebestand des Klosters Ribnitz und seiner Höfe waren unzertrennbar miteinander verwoben, denn der Waldbestand spielte als Ernährungsfaktor in der Schweinehaltung die weitaus größte Rolle. Die klösterliche, wie auch die fürstliche Forstwirtschaft war zu Beginn des 16. Jahrhunderts vernachlässigt worden. Zum Problem wurde die Übernutzung der sogenannten „weichen Holzung" (Büsche, Sträucher und niedrige Bäume). Aus ihr verschaffte sich das Kloster eine wesentliche Einnahmequelle. Es erlaubte den Bauern, sich für ihren Bedarf Holz zu hauen, und erhob für mehrere Ladungen 20 bis 30 Taler. Die weiche Holzung wurde nicht allein als rohes Holz, sondern bereits im 16. Jahrhundert nachweislich zur Holzkohleherstellung genutzt. Das Kloster selbst betrieb keine Meiler, sondern es kaufte die benötigte Kohle von seinen Bauern. 1669 ging der überwiegende Teil des Ribnitzer Klosterwaldes in fürstlichen Besitz über, der nun

Bestandteil der fürstlichen Heide wurde. Ab 1554 sind erste Jagdreglemente nachweisbar, so „Wider das Jagen zur verbotenen Zeit“ (1554), „Wider das Schießen und Jagen in der fürstlichen Heide“ (1557). Beginnend im Jahre 1599 finden sich Berichte über fürstliche Jagdablager (Reh- und Schweine-Ablager; aufwändig betriebene Treibjagd-Veranstaltungen verbunden mit umfangreichen Bauerndiensten), in den fürstlichen und klösterlichen Waldungen. An die Stelle des Fürsten persönlich traten während der Ablager, da dieser nicht selber in jedem Jahr in allen Teilen seiner domanialen Besitzungen jagen konnte, oft die Jäger des Landesherrn. Ein im Visitationsprotokoll 1649 erwähnter wüster Heidereiter-Sitz in Gelbensande (ein Jahr zuvor endete der Dreißigjährige Krieg), der zu jener Zeit wieder aufgebaut wurde, lässt den Schluss zu, dass hier bereits vor Ausbruch dieses Krieges ein fürstlicher Jagdaufseher seinen Sitz hatte. Gelbensande sollte in der Folge nicht nur Bedeutung als Sitz der landesherrlichen Jagdaufsicht, sondern auch als fürstliche Jagdresidenz in diesem ausgedehnten Areal erhalten. Vom 3. September 1687 ist uns aus der fürstlichen Heide ein Bericht überliefert, als *„Ihre fürstliche Durchlaucht Herzog Gustav Adolph eine Jagd, welche er zu Ehren seines bei ihm zu Besuch weilenden Schwiegersohnes, des Grafen von Stolberg und dessen Gemahlin abgehalten...“*. Hier wird berichtet, dass das Treiben von Schwarzwild ebenso beliebt ist, wie die lärmreiche Klapperjagd auf Füchse, Hasen und Schnepfen. Beim „Buschieren“, der Suchjagd auf Niederwild mit Vorsteh- und Stöberhund, dem übrigens der Begriff „auf den Busch klopfen“ entstammt, bei der im Gebüsch verborgene Tiere „herausgeklopft“ wurden, fanden die Durchlauchten ihr Jagdvergnügen. Die hochherrschaftlichen Weidmänner des frühen Barock bevorzugten dann jedoch mehr die körperlich weniger strapaziöse eingestellte Jagd, auch umstelltes oder deutsches Jagen genannt. Darunter verstand man mittels Lappenketten umstellte Waldtrassen, in denen Treiber dem Jagdherren das Wild zum Schuss zutrieben. Besondere Bedeutung erlangten die Ribnitz / Gelbensander Waldungen während der Regierungszeit des Herzogs Friedrich Wilhelm (1675-1713) der hier seiner Vorliebe, der Parforce-Jagd, häufig nachging. Die Parforce-Jagd, auch französische Jagd oder „chassé á courre“ genannt, von par force = mit Gewalt; ohne

Geschichte

jeglichen Pardon, zielte in der Regel auf den edlen Hirsch, der von einer Meute speziell abgerichteter Hunde und Treibern bis aufs Blut gehetzt wurde. Er veranlasste 1694 auch das *„Edict wieder das Jagen in der verbotenen Zeit, worin zugleich dessen Befehl, denen Hunden auf dem Lande die Schleif- oder Zwergknütteln von 5 viertel Ellen lang anzuhengen“* gefolgt vom „Jagd- und Forst-Edict“ 1697. Dazu gelang es dem Herzog durch den *„Vergleich mit der Stadt Rostock wegen der Besetzung und cedirten Ober- und Nieder-Jagten in der Rostocker Heyde“* am 28. März 1702, das Recht der Jagd in der Rostocker Heide auf Lebenszeit zu erlangen. Somit stand ihm die Jagd in der Fürstlichen Waldung, wie auch der Ribnitzer und Rostocker Stadtwaldung, zu. Das hatte schließlich zur Folge, dass er zeitweise seine Hauptresidenz nach Rostock verlegte und am Heidereiter-Sitz Gelbensande 1707 ein kleines Jagdschloss unterhielt. Angesichts des in Mecklenburg, wie in ganz Europa, raumgreifenden Gespenstes der Holznot (der überwiegende Teil der Waldungen ist durch Raubbau und Übernutzung zu Strauchwüsten verkommen) sind die hiesigen fürstlichen Forsten noch weitgehend intakt. Versuche der herzoglichen Forstinspektoren (Oberförster Ehlers Dienstzeit v. 1776-89, Oberförster v. Schildfeld 1789-94, Oberförster Walter 1794-1806, Oberförster Böcler 1806-16) unter diesen Rahmenbedingungen geregelte Forstwirtschaft zu realisieren, bleiben zunächst weitgehend wirkungslos. Erst mit dem Dienstantritt Philipp von Stenglins, eines späterhin bedeutenden Forstmannes begann im Jahre 1816 die Ära einer wirklich tiefgreifenden geregelten Forstwirtschaft. Nur kurz zuvor hatte von Stenglin die Forstakademie Heinrich Cottas (einem der Wegbereiter der deutschen Forstwirtschaft) in Zillbach / Thüringen als einer der ersten Absolventen verlassen. Von Stenglin gelingt es selbst unter den erschwerten Bedingungen eines fürstlichen Präsentationsjagdgebietes, eine Musterforst von landesweiter Bedeutung auf den Weg zu bringen. Welche Beachtung sein forstliches Wirken findet, belegen unter anderem auch Studienaufenthalte von Land- und Forstwirten nationalen Ranges, wie der Cottas im September 1825 oder des berühmten Nationalökonomen Johann Heinrich von Thünen im Jahre 1831 an der Gelbensander Forstinspektion. Eine bemerkenswerte Initiative von Stenglins ist auch die Gründung des „Versorgungsvereins für Forstarbeiter zu Gelbensande“ sowie der „Allgemeinen Witwen- und Waisen-Kasse“ 1830 als zwei der ersten Sozialkassen in Norddeutschland. Mit Max Garthe (dem Enkel des in der

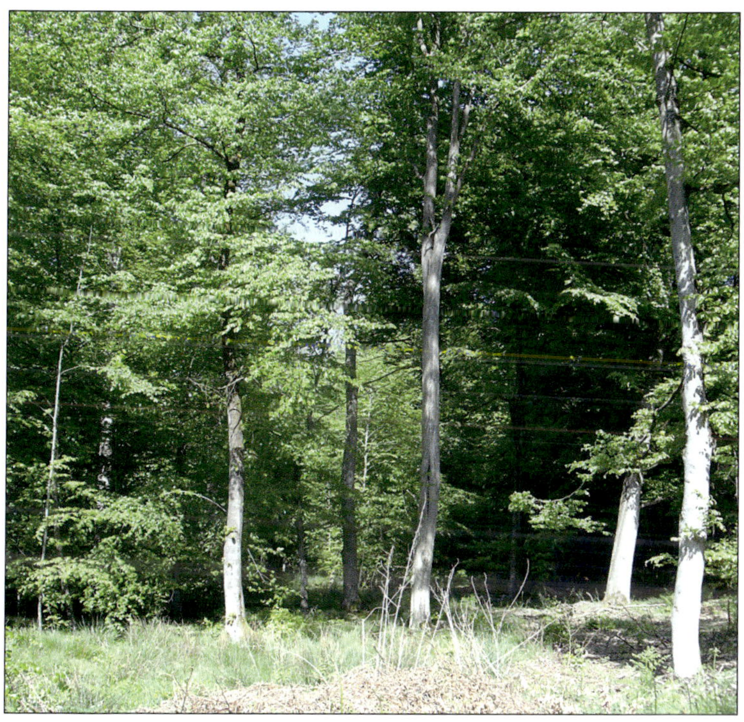

Verbreitet eine heiterfröhliche Stimmung – Buchenwald

Rostocker Heide berühmt gewordenen Forstmeisters Hermann Friedrich Becker) begann 1874 ein weiterer Forstmann von herausragender Bedeutung an der Gelbensander Inspektion seine Dienstzeit.

So hat ein sehr großer Teil bedeutender mecklenburgischer Forstmänner in der Zeit bis 1944 hier seine forstberufliche Prägung erhalten.

Mit dem Ende des Ersten Weltkrieges endete, wie im ganzen Deutschen Reich, in Mecklenburg die Monarchie und damit zunächst auch die höfische Jagd in den Gelbensander Forsten. Im Auseinandersetzungsvertrag zwischen dem jungen Freistaat

Mecklenburg-Schwerin vom 17. Dezember 1919 jedoch gehört das gesamte Gebiet der einstigen Fürstlich Gelbensander Heide zu den drei großen Waldarealen, die zur Entschädigung als Privatwald in den Besitz des einstigen Landesfürsten zurückkehren und dies formal bis 1951 bleiben. Nach dem Zweiten Weltkrieg erfolgt dann eine völlige Umwälzung der Eigentums-, Forst- und Jagdstrukturen in der gesamten Nordöstlichen Heide Mecklenburgs.

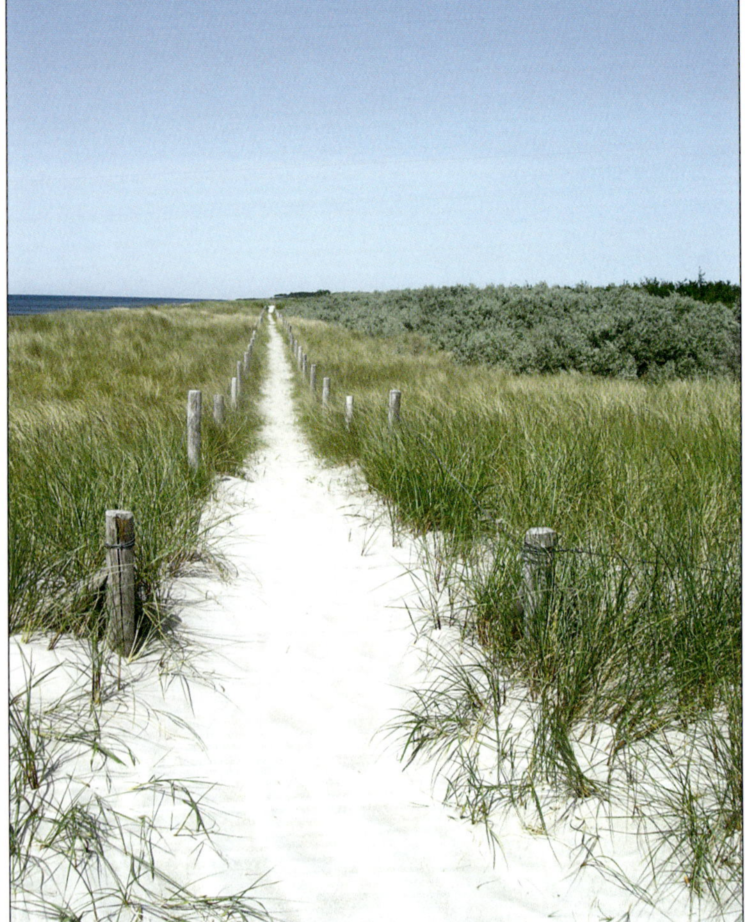

Sandweg über die Düne beim Hütelmoor

9. Das Jagdschloss Gelbensande

Residenz der mecklenburgischen Landesfürsten

Von jeher war die östliche Hälfte des mit 11.000 Hektar größten Küstenwaldes Deutschlands ein bevorzugter Aufenthaltsort für die mecklenburgischen Landesfürsten. Hier, in ihrem wohl schönsten Hofjagdrevier, der fürstlich Gelbensander Forst, suchten und fanden Großherzog Friedrich Franz III. und seine Gemahlin Anastasia Großfürstin von Russland den Standort für ihre Sommerresidenz.

Einen besonders wichtigen Aspekt bei der Wahl bildeten die Klimaeigenheiten dieser am Meer gelegenen Waldlandschaft. Das für Deutschland in seiner Spezifik einzigartige Gemisch aus Wald- und Seeklima bot dem lungenkranken Großherzog im Gegensatz zur Residenzstadt Schwerin erträgliche Lebensbedingungen.

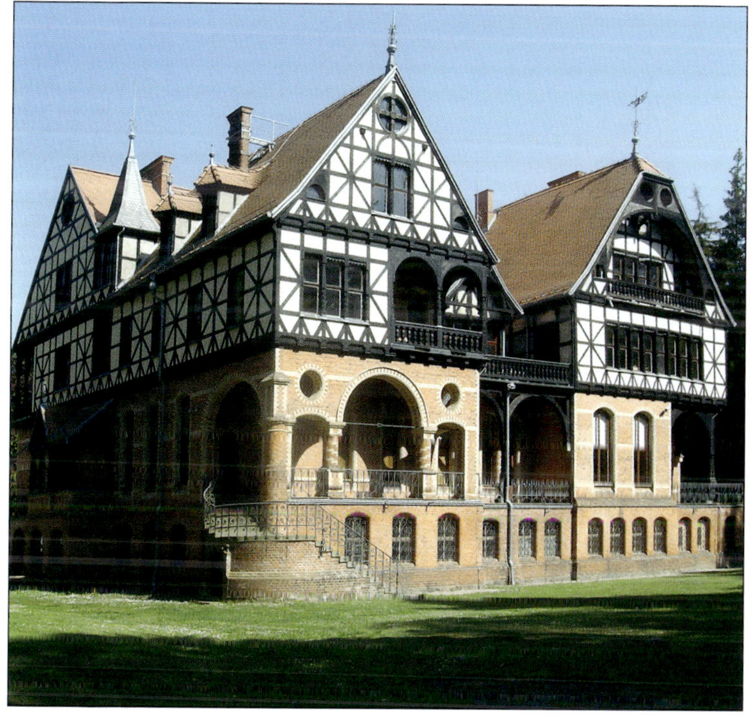

Die Westansicht des Jagdschlosses Gelbensande

Die Baugeschichte

Zu Beginn der achtziger Jahre des 19. Jahrhunderts beauftragte der regierende Großherzog Friedrich Franz III. den in jener Zeit in Dresden wirkenden Baumeister Gotthilf Ludwig Möckel mit der Projektierung des Baues. Als ersten Neubau-Auftrag in der nun neuen Heimat begann er 1884 mit der Arbeit am Jagdschloss. Grundsätzlich war das neue Haus in einer Architektur konzipiert, deren Vorbild aus dem England der Shakespeare-Zeit stammt, dem Cottage- oder englischen Landhaus-Stil.

Am 1. Mai 1885 fand die Grundsteinlegung für das neue Haus statt. Großherzogin Anastasia, Ehefrau Friedrich Franz III., war eine Enkelin des russischen Zaren Nikolaus I. Ihrem Wunsch entsprechend wurden einige Änderungen am Ursprungsprojekt vorgenommen. So fügte man in Anlehnung an russische Schlösser- und Bojarenhaus-Architektur die hölzerne Überdachung des Haupteinganges hinzu. Auch wurde an verschiedenen Stellen des Gebäudes der russische Zarenadler als Zierelement hinzugefügt.

Während im unteren Hauptgeschoss Ziegelrohbau mit roten und gelben Verblendsteinen aus der Brennerei Saniter Verwendung fanden, wurden die Obergeschosse in hintermauertem Fachwerk aus den Holzbeständen der umgebenden Forsten hergestellt.

Die Tageszeitungen des Landes berichteten in jener Zeit laufend über den Baufortschritt. So finden sich in den „Mecklenburgischen Nachrichten“ die Namen vieler Beteiligter, nachfolgend einige Wichtige ausgewählt:

Bauführung während des Roh- und Ausbaues	Bauführer Diesend und Vogel
Erdarbeiten	Maurermeister Müller/ Schwaan
Zimmerarbeiten	Hauszimmermeister Krüger/Rostock
Lieferung	
Mauer-/Verblendsteine	Fa. Saniter/Rostock
Kalk-/Zement/Eisenträger	Fa. Jürß u. Crotogino/Rostock
Fußbodenbretter	Fa. Brüggmann und Sohn/ Lübeck

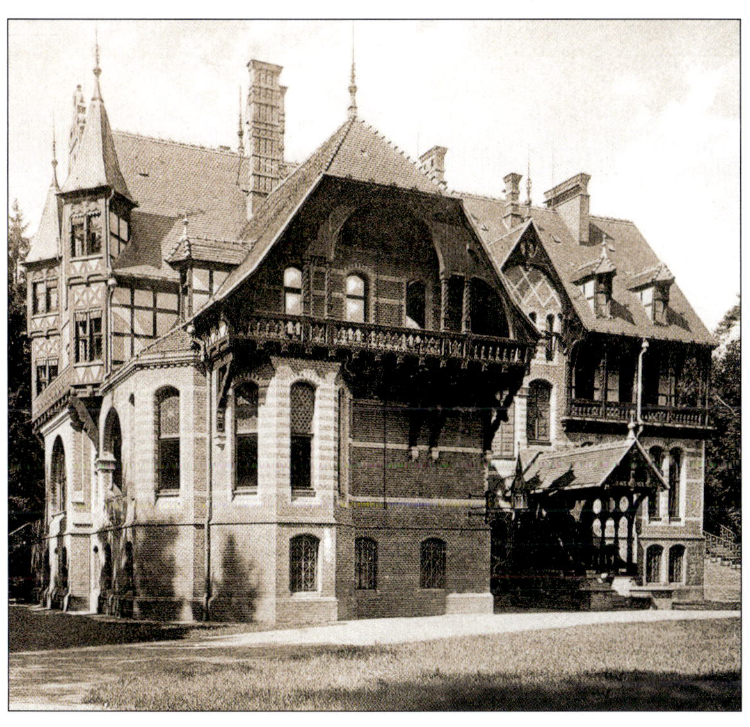

Die Ostansicht des Jagdschlosses Gelbensande um 1900

Dachdeckerarbeiten	Dachdeckermeister Walter/ Laage
Tischlerarbeiten	Tischlermeister Kröger, Stephan, Stötzel/Rostock Tischlermeister Krüger/ Doberan
Bildhauerarbeiten	Bildhauer Garding und Kasch jun./Doberan
Kunstschmiede-, Kupfer- und Schlosserarbeiten	Schlossermeister Jardin und Kehr/Rostock Hofschlosser Beckmann/ Doberan Schlossermeister Flint/Doberan Kupferschmiedemeister Steusloff/Doberan

Schmiedearbeiten	Schmiedemeister Kielgast/ Gelbensande Schmiedemeister Stüve/ Schwarzenpfost
Glaser-/Verbleiungsarbeiten	Glasermeister Krenzien/ Rostock Hofglaser Beckmann/Doberan
Bau der Zentralheizung	Ingenieur E. Kelling/Dresden, Berlin
Bau der gemauerten Kamine/ und Teil der Öfen	Fa. Lübcke und Hornemann/ Wismar
Maler-/Anstreicherarbeiten	Hofdekorationsmaler Michaelsen und Dekorationsmaler Krause/Wismar

Bereits am 24. September desselben Jahres feierte man das Richtfest und im März des Folgejahres, nach nur zehnmonatiger Bauzeit, war das eigentliche Gebäude fertig. Ein weiteres Jahr benötigte man noch für Innenausbau und -ausstattung. Böhmische Manufakturen fertigten einen Teil der Glaswaren. Porzellanwaren kamen aus der Königlichen Porzellanmanufaktur Berlin. Für die Kaminzimmer wurden Gobelins mit Jagdmotiven und Möbel nach Entwürfen Möckels gefertigt.

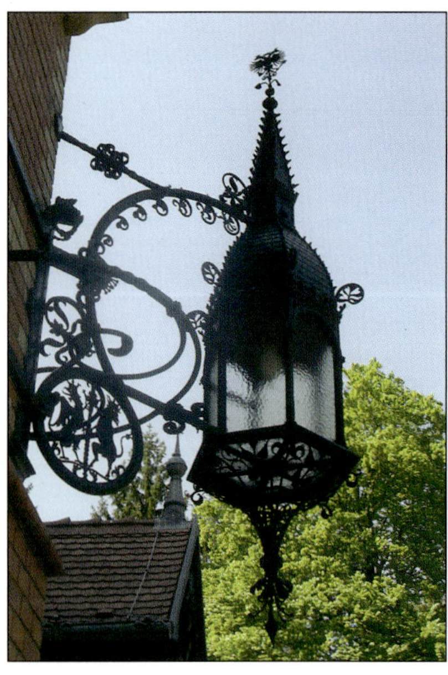

Detail am Schloss: russischer Doppeladler auf der Spitze und mecklenburgische Wappentiere in der Wandhalterung der Laterne

Anfang 1887 fand auch das seinen Abschluss und der „Ribnitzer Stadt- und Landbote“ berichtete über die rauschenden Einweihungsfeierlichkeiten.

Der Baumeister

Am 22. Juli wurde Gotthilf Ludwig Möckel in Zwickau als Sohn eines Kupferschmiedemeisters geboren. Sein Bildungsweg führte ihn über die Königliche Baugewerkenschule Chemnitz an das Polytechnikum Hannover. Der Vorläufer der heutigen Technischen Universität galt in jenen Jahren als eine progressive Ausbildungsstätte. Dort studierte er Baukunst bei Conrad Wilhelm Hase. In dieser Zeit war Möckel auch Mitarbeiter in den Architektenbüros Erwin Oppler in Hannover und Julius Rasch in Göttingen. Im Jahre 1866 kehrte Möckel nach Zwickau zurück und legte in Dresden die Prüfung als Bauhandwerker ab. Bis 1875 übte er die Doppelfunktion als Gewerksmeister und freier Architekt aus, um sich danach nur noch mit Entwurf und Bauleitung zu befassen. Der Bau der Johanneskirche Dresden nach dem Gewinn eines Wettbewerbes (Möckels bedeutendster Sakralbau) führte 1875 zur Umsiedlung nach Dresden. Begünstigt durch die gute Auftragslage gründete er dort ein Architektenbüro.

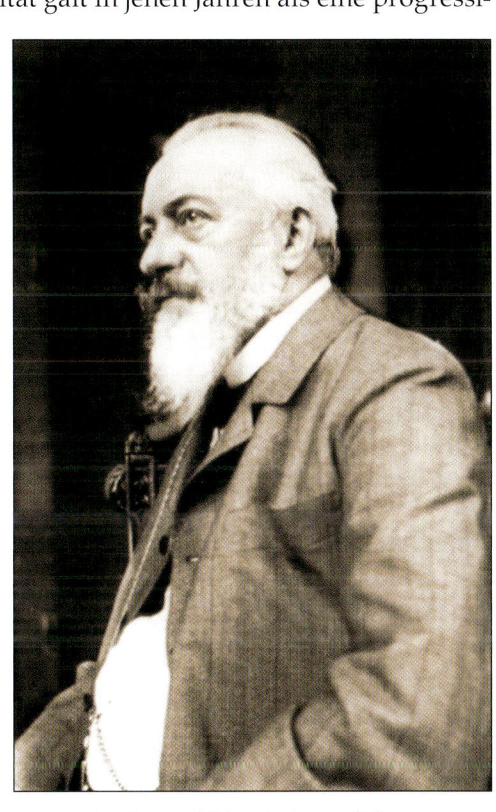

Der Architekt Gotthilf Ludwig Möckel um 1885

Der Auftrag zur Wiederherstellung des Doberaner Münsters durch Großherzog Friedrich Franz III. von Mecklenburg-Schwerin wurde der formale Anlass, nach 10-jähriger Tätigkeit in Dresden 1885 erneut den Wohnort zu wechseln. Kurz zuvor hatte er auch den Auftrag zur Projektierung des Gelbensander Jagdschlosses erhalten.

In Doberan wurde Möckel erst kommissarisch und 1889 hauptamtlich als Baurat und technischer Beirat der Großherzoglichen Kammer von Mecklenburg-Schwerin und des dortigen Oberkirchenrates berufen. Diese Stellung verschaffte ihm bedeutenden Einfluss. Hinzu kam, dass die Anstellung in den Staatsdienst ihm die Möglichkeit ließ, weiterhin freiberuflich tätig zu sein.

Möckel wurde 1881 zum Ehrenmitglied der Akademie der bildenden Künste in Dresden ernannt und gehörte den Architektenvereinen in Sachsen und Hannover sowie der „Bauhütte zum weißen Blatt“ in Hannover an. Die Ernennung zum Geheimen Baurat erfolgte 1887 nach dem Bau des Jagdschlosses, die zum Geheimen Hofbaurat im Jahre 1900 aus Anlass der abgeschlossenen Wiederherstellung des Doberaner Münsters. Im Oktober 1915 trat Möckel in den Ruhestand. Am 26. Oktober 1915 erlag er in Doberan einer Herzschwäche.

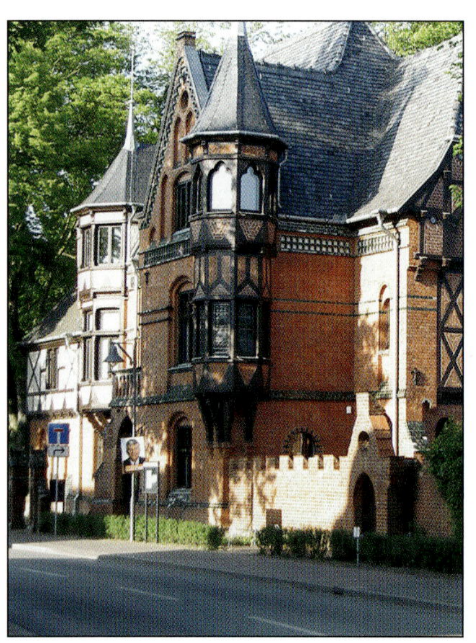

Das Möckelhaus in Bad Doberan

Ein großer Teil seiner Bauten war sakraler Natur, dazu zählen die Versöhnungs- und Samariterkirche in Berlin, die Lutherkirche in Danzig, die Johanneskirche in Smyrna (dem heutigen Izmir) in der Türkei. Zu den wichtigsten Profanbauten zählen das Ständehaus in Rostock, das Blindenheim in Königs Wusterhausen und das Jagdschloss in Gelbensande.

Die fürstlichen Bewohner

Hauptsächlich als ganz privates, zurückgezogenes Familiendomizil gedacht, bot die Waldlandschaft mit ihrem einzigartigen Klima dem lungenkranken Großherzog nur hier erträgliche Lebensumstände in seinem Land Mecklenburg. Mit seiner Frau hatte Friedrich Franz III. drei Kinder. Die Erstgeborene erhielt bei ihrer Geburt im Jahre 1879 den Namen Alexandrine nach der Großmutter des Großherzogs, der Tochter des Preußenkönigs Friedrich Wilhelm III. und der Königin Luise. Das zweite Kind war dann endlich im Jahre 1882 der ersehnte Thronerbe, der seinem Vater später als Friedrich Franz IV. nachfolgen sollte. Schließlich wurde im Jahre 1886 Cecilie geboren. Komplizierte Verwandtschaftsverhältnisse ergaben sich aus Kindschaften und Heiraten. Letztendlich waren die Herrscherhäuser jener Tage alle in irgendeiner Weise verwandt.

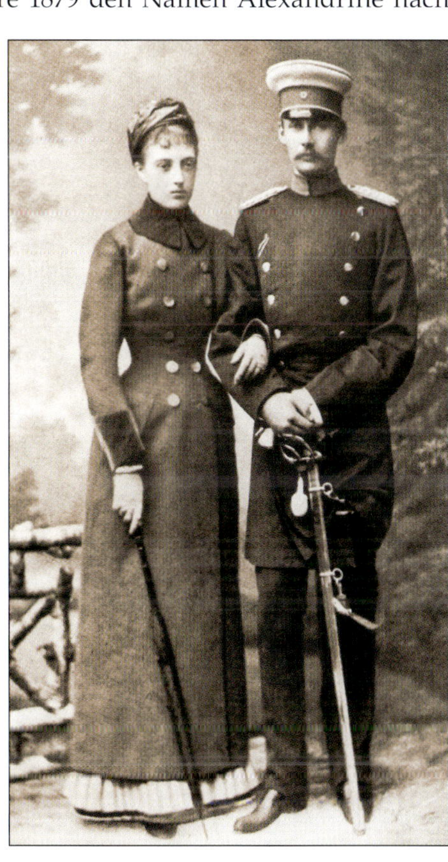

Das Großherzogspaar Friedrich Franz III. und Anastasia

So war Anastasia die Enkelin des Zaren Nikolaus I. von Russland, während im Gegenzug wiederum die älteste Schwester des Großherzogs, Marie (Pawlowna) den Zarenbruder Wladimir Alexandrowitsch Großfürst von Russland geheiratet hatte. Des Großherzogs jüngerer Bruder Heinrich ehelichte Prinzessin Wilhelmina, die spätere Königin der

Niederlande (sie sind die Großeltern der heute regierenden Königin Beatrix). Zahlreich ist die Prominenz der Fürstenhäuser, die in den folgenden Jahren als Gäste des Großherzogspaares in Gelbensande Aufenthalt nehmen. Den Annalen des in jener Zeit jährlich erscheinenden „Großherzoglich-Schwerinschen Staatskalender“ ist zu entnehmen, dass die herzogliche Familie alljährlich für mehrere Monate in ihrem Gelbensander Sommersitz Aufenthalt nahm. Großherzogin Anastasia war

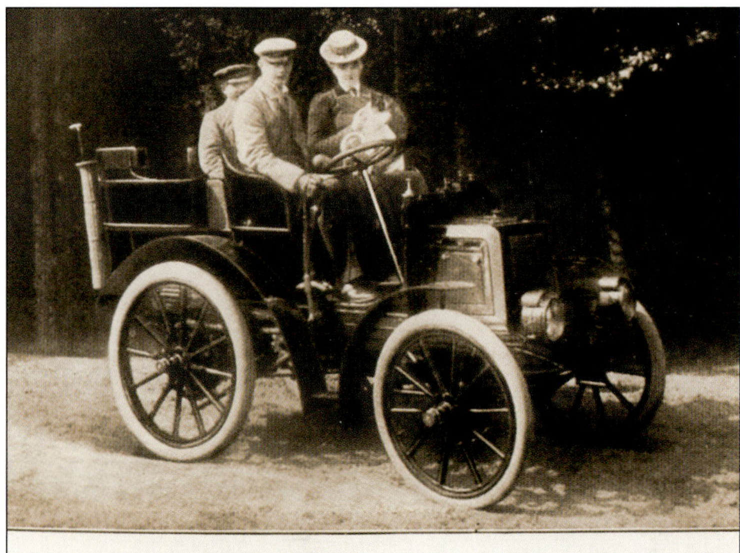

Großherzogin Anastasia in ihrem Panhardt-Levassor 1898

Begeisterte Automobilistin – Großherzogin Anastasia

eine leidenschaftliche Tennisspielerin und ließ daher unweit des Schlosses einen Tennisplatz anlegen (verwildert aber noch vorhanden harrt er bislang der Wiederherrichtung). Der berühmte Professional Burke kam regelmäßig jeden Sommer auf einige Wochen nach Gelbensande und gab den fürstlichen Kindern Unterricht.

Auf der „Mecklenburgischen Landes-, Gewerbe- und Industrie-Ausstellung“ in Rostock im Jahre 1892 hat es dem Herzogspaar der Ausstellungspavillon der Firmen E. Wendt und Diedrich Riedel angetan, so dass man ihn kurzerhand kaufte und als

Teehaus inmitten der Gelbensander Waldungen auf einer abseits gelegenen Waldwiese wieder aufbauen ließ. Prinzessin Cecilie schreibt dazu in ihren Erinnerungen: *„Dorthin machten wir in der ersten Zeit unsere Ausflüge, doch zeigte sich bald, dass die Lage des Häuschens im Walde eigentlich kein rechtes Ausflugsziel bot. Es wurde daher abtransportiert und zwischen den Ostseebädern Müritz und Graal auf dem Kamm einer Düne aufgebaut, von wo man eine wunderschöne Aussicht auf die See genoss. Mit der Zeit wurden auch Paddelboote angeschafft. Ich hatte meist zu dergleichen Unternehmungen hohe Russenstiefel an, mit denen ich weit ins Meer hineingehen konnte. ...In früheren Zeiten kamen mein Großvater (Großfürst Michail Nikolajewitsch Romanow) oder die Brüder meiner Mutter alljährlich aus Rußland zur Brunftzeit des Rotwildes nach Gelbensande. Auch die Mecklenburger Onkels waren regelmäßige Jagdgäste, vor allem Onkel Paul (Herzog Paul Friedrich von Mecklenburg-Schwerin)."*

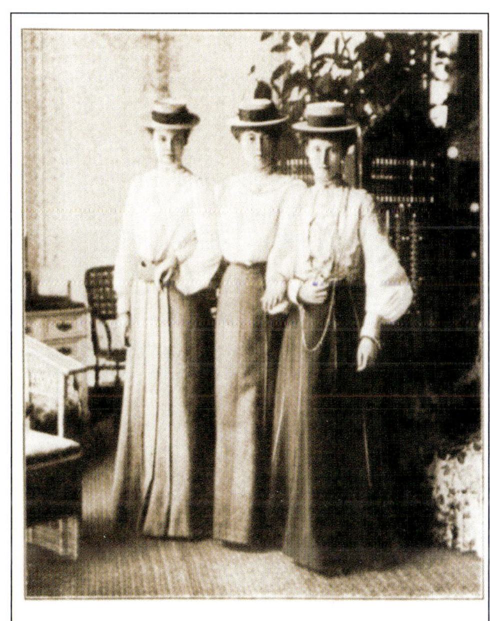

Großherzogin Anastasia
mit ihren beiden Töchtern Alexandrine und Cecilie

Adliger Damenreigen mit Sommerhut

Für Cecilies ältere Schwester Alexandrine war Gelbensande ein besonderer Abschnitt ihrer Jugend, erlebte sie doch hier ihre ersten Begegnungen mit ihrem späteren Ehemann, dem dänischen Thronfolger Christian.

Es war eine wahre Familienidylle bis zum mysteriösen Tode des Großherzogs am 10. April 1897 in Cannes/Südfrankreich. Einen Tag zuvor war sein einziger Sohn und Thronerbe, Friedrich Franz IV., fünfzehn Jahre alt geworden und damit zur Thronfolge noch nicht berechtigt. Bis zur Volljährigkeit musste ihn sein Onkel Johann Albrecht als Regent vertreten. Fortan führte die Großherzogin-Witwe ein sehr zurückgezogenes Leben auf ihrem Landsitz Gelbensande und widmete sich der Erziehung ihrer drei minderjährigen Kinder, wobei Alexandrine

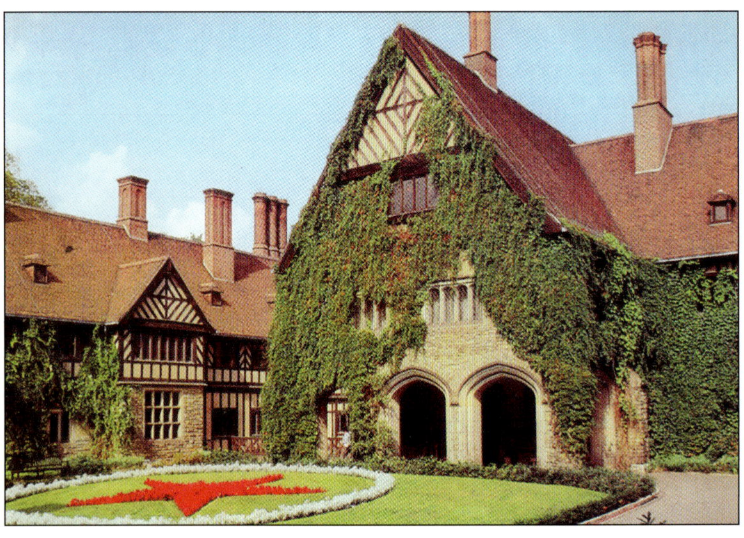

Schloss Cecilienhof – nach dem Vorbild von Schloss Gelbensande

Gelbensande nach Ablauf des Trauerjahres verließ, um sich am 26. April 1898 mit dem dänischen Thronfolger Christian X. in Kopenhagen zu vermählen.
Nur kurz nach dem Tode des Großherzogs besuchte der in Berlin ansässige Graf Talleyrand-Perigord die Großherzogin in Gelbensande. Das besondere dieses Freundesbesuches war das für damalige Zeit ungewöhnliche Reisegefährt, mit dem er anreiste: ein Automobil. Ein gemeinsamer Tagesausflug ins Grüne begeisterte Anastasia in einem Maße, dass sie selbst eine solche technische Neuerung besitzen wollte, so kaufte man einen Tonneau der Firma Panhard-Levassor, ein französisches Modell. Die anlässlich dieser neuzeitlichen Anschaffung geäußerte Bitte der Großherzogin an den Grafen doch einen Klub Automobilbegeisterter zusammenzubringen, um gemeinsame Ausflü-

ge mit einer gewissen Regelmäßigkeit durchzuführen, hatte schließlich die Folge, dass man sich am 31. Juli 1899 im renommierten Hotel „Bristol" in Berlin zusammenfand, um den ersten deutschen Automobilklub, den „Deutschen Automobilklub" (DAC), zu gründen. Als Schirmherrin des Unternehmens wirkte Großherzogin Anastasia, erster Präsident wurde Graf Talleyrand-Perigord.

Am 9. April 1901 trat Großherzog Friedrich Franz IV. die Regierung für das Land Mecklenburg-Schwerin an. Am 7. Juni 1904 heiratete der junge Großherzog in Schwerin die königliche Prinzessin von Großbritannien und Irland, Alexandra, Herzogin zu Braunschweig und Lüneburg.

Am 4. September 1904 fand im Gelbensander Schlösschen ein Ereignis statt, das zu jener Zeit in ganz Europa wahrgenommen wurde. Der älteste Kaisersohn, Kronprinz Friedrich Wilhelm von Preußen verlobte sich an diesem Tag mit der jüngsten Großherzogstochter,

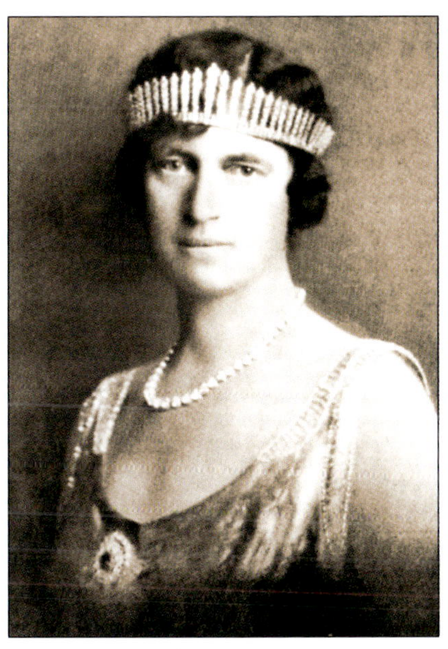

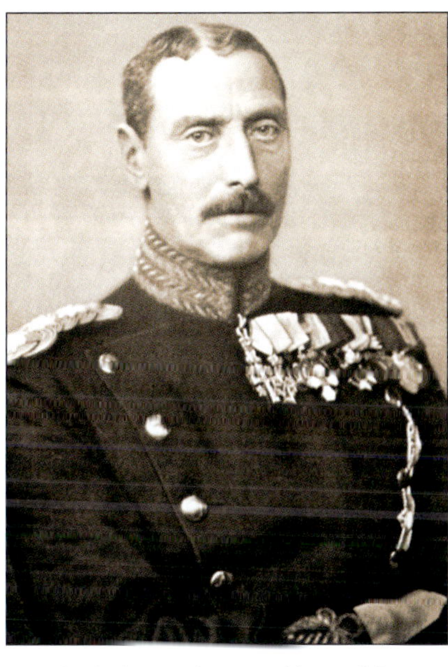

Das dänische Königspaar Alexandrine und Christian X.

Herzogin Cecilie. Sie hielt bald darauf als Braut Einzug in Berlin. Mit der Hochzeit im darauf folgenden Jahr wurde sie Kronprinzessin und sollte damit Deutschlands zukünftige Kaiserin werden.
Eine kleine Geschichte, über die die Presse am Rande der Verlobungs-Feierlichkeiten berichtete, verdient noch Erwähnung. Am Morgen des 2. September, gegen 10 Uhr entstand in der Gelbensander Forst, unweit des Schlosses, wohl durch Funkenflug einer Lokomotive ausgelöst, ein Waldbrand. Die Rostocker Zeitung berichtet darüber:
„...Der Rauch zog sich nach dem nahe gelegenen Großherzoglichen Jagdhause hin. Hierdurch wurde das Feuer von den fürstlichen Herrschaften zuerst bemerkt, worauf sich die anwesenden Familien zum Brandherde begaben. Inzwischen war auch das Forstpersonal mit Löschmannschaften unter Herrn Forstmeister v. Oertzen herbeigeeilt. Anfangs schien es nicht ausgeschlossen, daß durch Flugfeuer eine Weiterverbreitung des Brandes erfolgen und hierdurch auch das Jagdhaus gefährdet werden könne. Man requirierte daher zur größeren Sicherheit Spritzen aus der Umgegend. Herr Forstmeister v. Oertzen konnte aber den fürstlichen Herrschaften mitteilen, daß eine Gefahr für das Jagdhaus nicht vorhanden war, da nur das niedrige Holz und das Gras brannten, wodurch die starke Rauchentwicklung hervorgerufen wurde. ...Auf der Brandstätte waren die Spritzen aus Blankenhagen, Willershagen und Rövershagen erschienen. ...Wie schon erwähnt haben sich die fürstlichen Herren lebhaft an den Löscharbeiten beteiligt. Als die Gefahr, daß das Feuer auf das fürstliche Haus überspringen könne am höchsten stieg, waren der Großherzog, der dänische sowie der deutsche Kronprinz sowie die übrigen Herren selbst mit dem Spaten in der Hand tätig, durch Herstellung eines Grabens eine Isolierzone um das Jagdhaus zu ziehen."
Was die Presse jener Tage nicht erwähnte, nach erfolgreicher Brandbekämpfung begaben sich der Großherzog und die beiden Kronprinzen mit in das Gelbensander Spritzenhaus. Bekanntlich ist es vielerorts eine alte Feuerwehrtradition, nach erfolgreicher Brandbekämpfung nunmehr auch den währenddessen in den Kehlen entstandenen Brand zu löschen. Auch daran nahmen die hohen Herrschaften ebenfalls regen Anteil. Bald war man sich persönlich näher gekommen und der Wehrführer der hiesigen Feuerwehr ernannte den dänischen Kron-

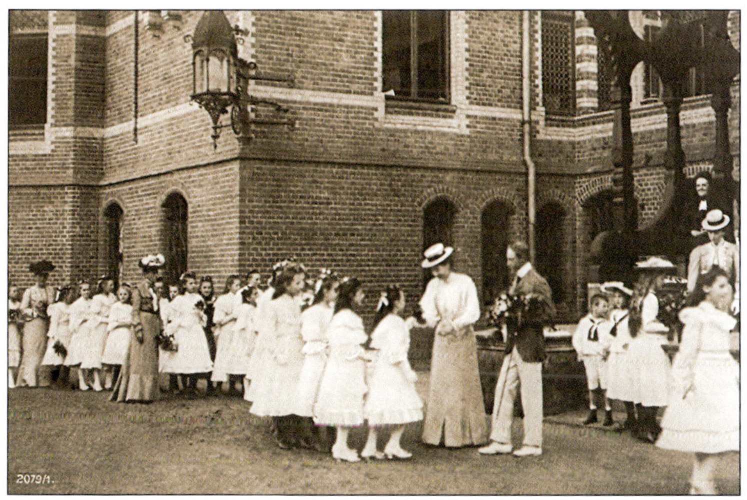

Gratulationen zur Verlobung am 4. September 1904

prinzen kurzerhand zum Ehrenmitglied der Feuerwehr. Kuriose Konsequenz: der spätere Dänenkönig machte sich einen Satz zu eigen, den er bei verschiedenen Gelegenheiten benutzte. Man sagte dem König Christian eine geradezu volksnahe Regentschaft nach und es heißt, Staatsakte und offizielle Anlässe mit strengem protokollarischen Ablauf seien ihm zuwider gewesen. Häufig musste er dabei langwierige Aufzählungen seiner Titel und Ämter über sich ergehen lassen, was er dann wiederholt mit dem ironischen Nachsatz quittierte, man hätte wieder einmal vergessen zu erwähnen, dass er auch noch Gelbensander Feuerwehrmitglied sei.

Cecilie, nunmehr kronprinzliche Braut, verlegte nach ihrer Hochzeit im Juni 1905 ihren Wohnsitz in die Preußenresidenz Potsdam. Als hier einige Zeit darauf die Aufgabe stand, für das an Familienzuwachs reich gesegnete Kronprinzenpaar (Cecilie hatte zwischenzeitlich vier Söhne geboren, denen in der darauf folgenden Zeit noch zwei Töchter folgen sollten) ein Wohnschloss zu bauen, dem es nicht an neuzeitlichem Wohnkomfort fehlen sollte, äußerte die Kronprinzessin den Wunsch, doch ein Haus im Cottage-Stil in Anlehnung an ihre liebgewordene Jugendstätte in Gelbensande, zu konzipieren. Darauf erhielt der Hofbaumeister Paul Schulze-Naumburg den Auftrag, ein solches in dieser auch als Landhausstil bezeichneten Architektur zu errichten, das nach der Kronprinzessin benannte Schloss Cecilienhof. So verließ auch das jüngste der drei Kinder Anastasias Witwensitz.

Als dann am 1. August 1914 der Erste Weltkrieg ausbrach, wurde die Situation für die Großherzogin Anastasia, die ja eine nahe Verwandte des Zaren und damit der gegnerischen Kriegspartei war, unerträglich. Sie verlegte ihren Wohnsitz an die französische Mittelmeerküste nach Cannes, wo die herzogliche Familie ja bereits seit langem die Villa „Wenden" besaß. Hier verbrachte sie die letzten Lebensjahre bis zu ihrem Tode 1922. Hauptnutzer des Gelbensander Domizils war nun ihr Sohn, der Großherzog Friedrich Franz IV., zunächst bis zu seiner Abdankung und dem Ende auch seiner Monarchie am 14. November 1918. Vorerst gänzlich enteignet nahm die Herzogsfamilie das Gastangebot des dänischen Königs als Schwager an und lebte auf Schloss Sorgenfri in der Nähe Kopenhagens. Während dieser Zeit führte der Oberhofmarschall Cuno von Rantzau in Schwerin Verhandlungen mit der neu gegründeten Landesregierung und es wurde der Vertrag, „betreffend die Auseinandersetzung über die vermögensrechtlichen Verhältnisse" abgeschlossen. Hierin wurde als erstes das Wohnrecht im Jagdschloss Gelbensande zugesprochen, so dass die Familie Ende September 1919 aus dem dänischen Exil nach Mecklenburg zurückkehrte. Unmittelbar nach ihrer Rückkehr waren einige herzogliche Familienmitglieder per Verordnung des Freistaates Mecklenburg für einige Zeit in ihrer Bewegungsfreiheit eingeschränkt, die einem Arrest gleich kam.

Einer der Söhne, Christian Ludwig Herzog zu Mecklenburg schildert zu dieser Zeit:

„Als wir in Warnemünde ankamen, warteten Autos auf uns, und zwar waren es die Autos meines Vaters aus Schwerin mit den dazugehörigen Chauffeuren, die inzwischen aber von der mecklenburgischen Regierung übernommen worden waren. Sie trugen keine Livree mehr, sondern normale blaue Anzüge mit einer blauen Chauffeurmütze. ... Die Dienerschaft, die in Sorgenfri bei uns gewesen war, ging zunächst mit nach Gelbensande. ...Mein Vater lebte hier völlig zurückgezogen. Es dauerte längere Zeit, bis er wieder ein Auto bekam, und er durfte sich nur im nächsten Umkreis bewegen, bis Rostock."

Erst später erhielt er seine Freizügigkeit im Lande wieder. Gelbensande blieb jedoch einer seiner Hauptaufenthalte. Die private Zurückgezogenheit in der die Herzogsfamilie hier lebte, machte nun nur noch selten Schlagzeilen. Lediglich in den drei-

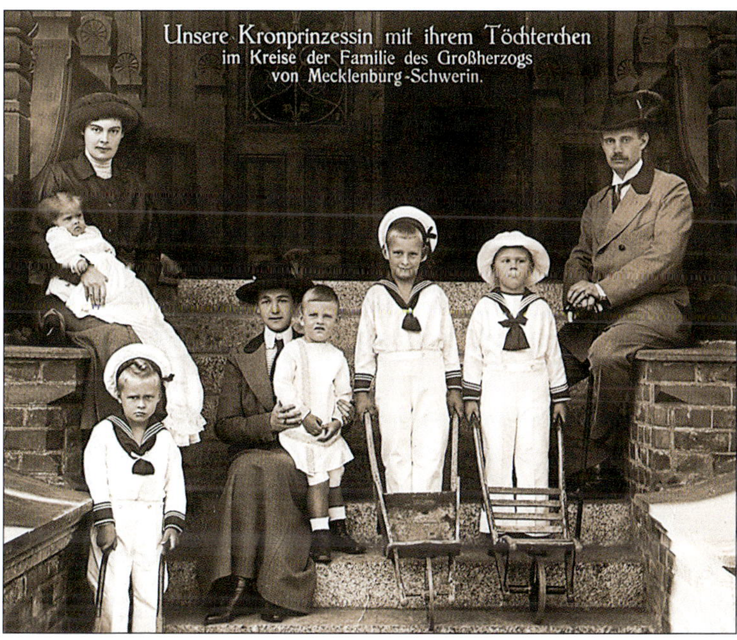

Kronprinzessin Cecilie, Großherzog Friedrich Franz IV., Großherzogin Alexandra mit ihren Kindern

ßiger Jahren weiß die Presse zu berichten, dass der frischgebackene Boxweltmeister Max Schmeling nach einem jagdlichen Schießwettbewerb in Heiligendamm einer Einladung zum Besuch der Fürstenfamilie in Gelbensande folgte, wo er mit dem Herzog auf Pirsch ging.

Kleine Episode am Rande: Als der für den Besuch gecharterte Bus von der Chaussee aus in den Schlossweg einbog, fuhr sich dieser in dem unbefestigten Sandboden des Weges fest. Unter Anfeuerung der herbeigelaufenen Dorfbewohner schob der Weltmeister den Bus allein aus diesem Malheur heraus.

Gegen Ende des Jahres 1944 hielt sich die Familie des Großherzogs letztmalig in Gelbensande auf.

Das Kriegsende

Am 1. Mai 1945 schließlich hatte sich das Kriegsgeschehen auch unmittelbar in den Gelbensander Raum ausgedehnt. Aus dem Odergebiet im Südosten stieß die Rote Armee an diesem Tage über Tribsees, Marlow, Tessin bis nach Rostock und Ribnitz vor. Am Abend dieses Tages stand der erste russische Panzer auf der Warnemünder Westmole und riegelte die Hafeneinfahrt ab. An jenem Tag drangen die russischen Truppen noch nicht in alle Heideortschaften vor, alle nach Westen führenden Verkehrswege waren jedoch für zurückflutende Flüchtlingstrecks und Militäreinheiten abgeriegelt. Auf den Bahngleisen in der Nähe des Schlosses steckte ein aus Pommern evakuiertes, aus zwei Eisenbahnzügen bestehendes Lazarett fest. Am Vormittag war der Zug von Tieffliegern beschossen worden. Der Lazarett-Kommandant hatte von dem ungenutzt stehenden Fürstenschloss erfahren. Kurzerhand ließ er die etwa 750 Verwundeten ausladen und richtete hier ein Hilfslazarett ein. Einer der Lazarettinsassen berichtet darüber fünfzig Jahre später: *„Es war der Ort, in dem ich nach fast achtwöchiger Irrfahrt als schwerkranker, junger Soldat endlich erste Hilfe und Geborgenheit erleben durfte, nachdem ich aus dem Zug ausgeladen und hierher verlegt wurde. Dies geschah am 1.Mai 1945 unter dem Lärm krachender Granaten (Anm. Eine in der Nähe befindliche Artilleriebatterie hatte ihren Transport selbst gesprengt) schon in der Dunkelheit. Am Morgen des 2. Mai wurden wir durch Motorengeräusch geweckt und ich wusste, der Russe war da. Bange Minuten des Wartens. Wie werden sich die Sieger verhalten? Vorsorglich hatte ich in der Nacht noch die wertvollere meiner beiden Armbanduhren versteckt und die andere so gelagert, das sie leicht ins Blickfeld viel. Die russischen Soldaten kamen in mehreren Gruppen, mit umgehängten Maschinenpistolen durchsuchten sie den großen Saal nach Beutestücken unter ständigen „Uri, Uri“ Rufen. Ich lag mit hohem Fieber in meinem Lager und machte wohl einen schlechten Eindruck auf sie, Das Plakat mit der Aufschrift „Typhus – Seuchengefahr“ deutsch und russisch geschrieben, verfehlte wohl seine Wirkung nicht. Mit meiner Uhr verschwanden auch die Soldaten wieder. Ein Chefarzt hatte diese Seuchenwarnung wohl veranlasst oder selbst geschrieben, da er der russischen Sprache mächtig war und lange Jahre als Arzt in Petersburg ein Sanatorium geleitet hatte.“*

Offenbar aber auch aus Ehrfurcht vor dem augenscheinlichen

russischen Kulturgut unterband ein sowjetischer Offizier Plünderungen und ließ den Schlosskomplex durch Wachen schützen. Selbst im Hause befindliche verwundete Wlassow-Soldaten, die man sonst bei Gefangennahme als Landesverräter und Kollaborateure sofort standrechtlich erschoss, überlebten hier.

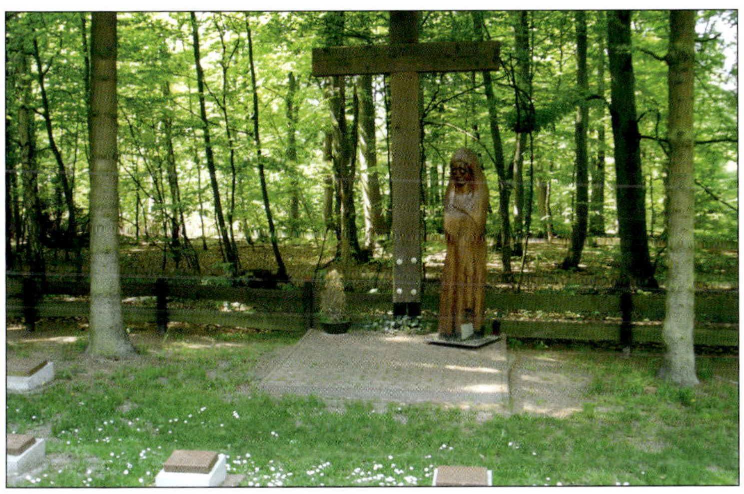

Lazarettfriedhof am Jagdschloss

Die an Krankheiten oder Verwundungen Verstorbenen wurden auf dem unweit des Schlosses eigens angelegten Waldfriedhof beigesetzt.
Die Nachkriegszeit war auch die Zeit der großen Umsiedlertrecks aus Ostpreußen und Pommern. Viele Seuchen wie Typhus, Ruhr und Cholera grassierten. Aus dem Lazarett wurde ein Seuchenkrankenhaus, in dem man Schwererkrankte streng isolierte. Lang ist die Liste derer, für die dieser Ort zur letzten Lebensstation wurde.
In den Nachkriegsjahren machte das Haus dann noch Nutzungen als TBC-Heilstätte, als Krankenhaus bis 1979, als Bauarbeiterunterkunft bis 1985, als Domizil der Gemeindeverwaltung, der kommunaler Wohnungsverwaltung, des Ortspolizisten (ABV), der Seniorenbetreuung und anderem bis zum Jahre 1990, durch. Heute steht es dem Besucher in seinen wichtigen Teilen zum Besuch offen.

10. Routenvorschläge durch die Nordöstliche Heide Mecklenburgs

Regeln, die zu beachten sind

Inzwischen ist dem Wanderer die gesamte Weite der Heidelandschaft geöffnet worden.

Tipps zur Beachtung einiger Grundregeln:

- Die Landschaft der Nordöstlichen Heide Mecklenburgs ist 1994 zum Landschaftsschutzgebiet erklärt worden. Oberstes Gebot ist hier, die Pflanzen- und Tierwelt in ihrem Lebensraum nicht zu stören
- Die wichtigsten Verhaltensregeln zum Betreten des Waldes sind im Waldgesetz für das Land Mecklenburg-Vorpommern festgeschrieben:

- „Jedermann darf den Wald zum Zwecke der Erholung betreten."
- „Nicht gestattet ist das Betreten von Forstkulturen, Jungwüchsen, Pflanzgärten, Wildäckern, jagdlichen Einrichtungen und Holzeinschlagsflächen."
- „Das Betreten des Waldes erfolgt auf eigene Gefahr."
- „Die Lebensgemeinschaft Wald und deren Bewirtschaftung darf nicht gestört und beeinträchtigt werden. Das Befahren der Waldwege mit Kraftfahrzeugen ist nicht erlaubt"
- „Das Reiten und Kutschfahren im Wald ist auf dafür ausgewiesenen Waldflächen und Plätzen auf eigene Gefahr gestattet."
- „Das Halten und Hüten von Haustieren im Wald sowie die Mitnahme von Tieren mit Ausnahme von angeleinten Hunden ist unzulässig."
- „Der Gebrauch von offenem Feuer, sowie das Rauchen sind grundsätzlich untersagt."

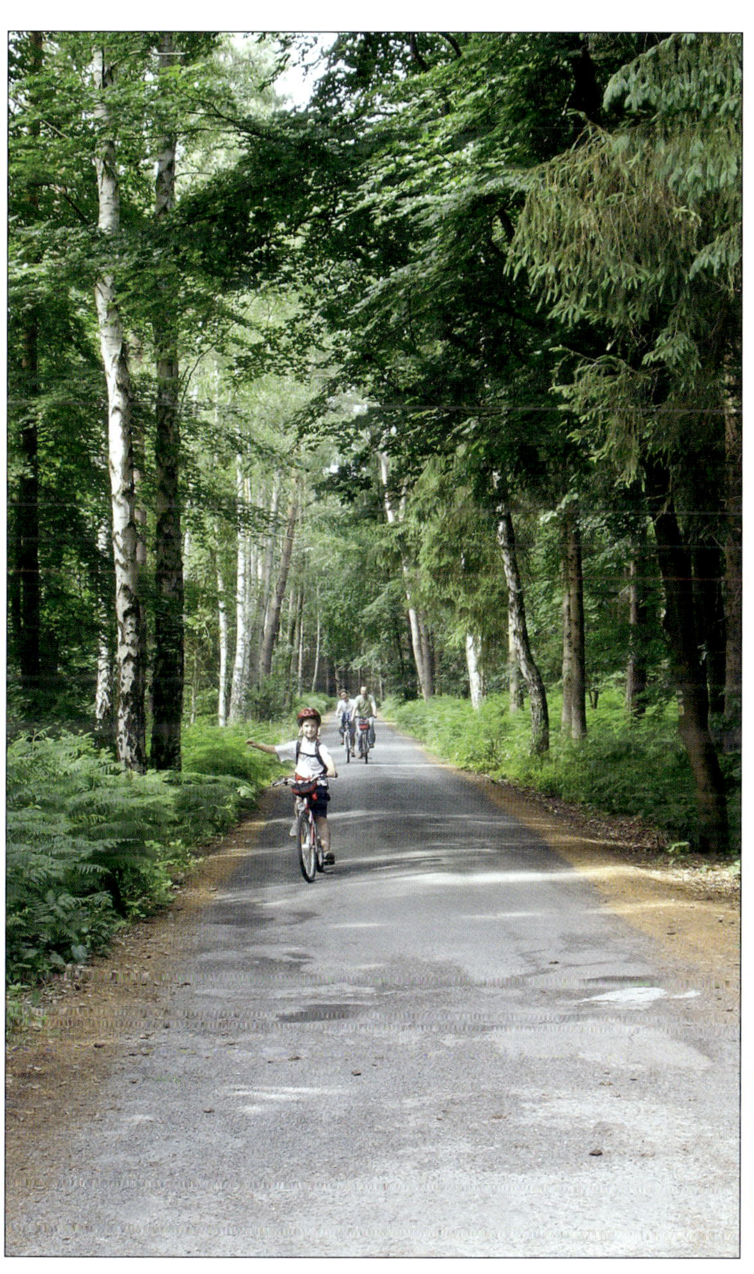

Unterwegs in der Heide

1. Route: Große Heidetour

Beginn: Graal-Müritz, alter Bahnhof

Wegeverlauf: Graal-Müritz – Hirschburg – Gelbensande – Wiethagen – Hinrichshagen – Graal-Müritz

Charakter: Mit dieser Tour wird versucht die schönsten Ausflugsziele, wie das Jagdschloss Gelbensande sowie den Forst- und Köhlerhof Wiethagen in einem großen Querschnitt mit den vielfältig wechselnden Waldbildern zu verknüpfen. Alle Wege sind in einem gut ausgebauten Zustand, ohne Steigungen und leicht radel- oder wanderbar.

Radwanderstrecke: 36,5 km

Gastronomie: Restaurant Neu-Hirschburg, Schinkenkrug Hinrichshagen

Ausgangspunkt der Radwanderung ist der 1925 gebaute alte Bahnhof des Ostseeheilbades Graal-Müritz an der Einmündung

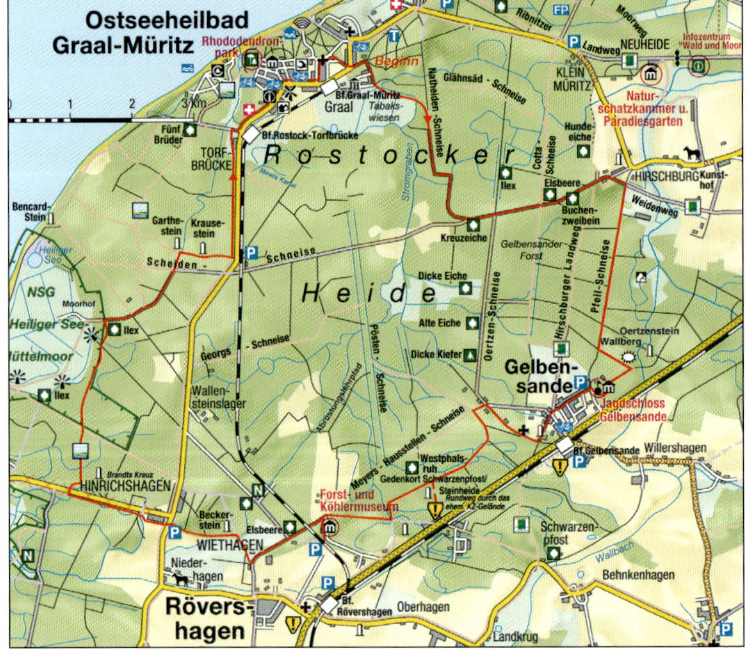

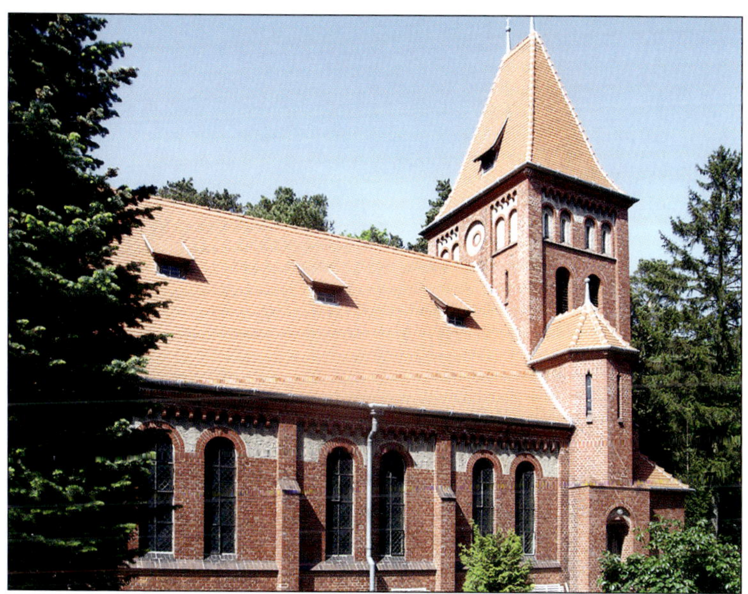

Die evangelische Kirche in Graal-Müritz

der Birkenallee. Von hier aus führt uns unser Weg am Beginn etwa 200 m Richtung Nordosten, ein Stück den Graaler Landweg entlang. Hinter dem letzten Grundstück biegen wir nach rechts in den Kiefernweg ab, an dessen Ende links ein Weg den Waldrand entlang führt. Über ihn erreichen wir sehr bald den

Graal-Müritz – Das erste Seeheilbad in Deutschland

Das Seeheilbad hat in seiner Charakteristik etwas Einzigartiges. Die schönsten Strände der deutschen Seeküste finden sich zwischen Zingst und Warnemünde, Graal-Müritz verbindet diesen Vorteil noch mit seiner Lage im größten Küstenwald Deutschlands. Nur hier erzeugt die Natur jenes Gemisch aus Wald- und Seeklima, das für so viele Genesungssuchende zur besten Medizin wird.

Die Geschichte des Doppelortes verläuft bis zu seiner zwangsweisen Vereinigung im Jahre 1938 streng getrennt. Die Orte Graal und Müritz waren bis dahin zwei verschiedene Welten.

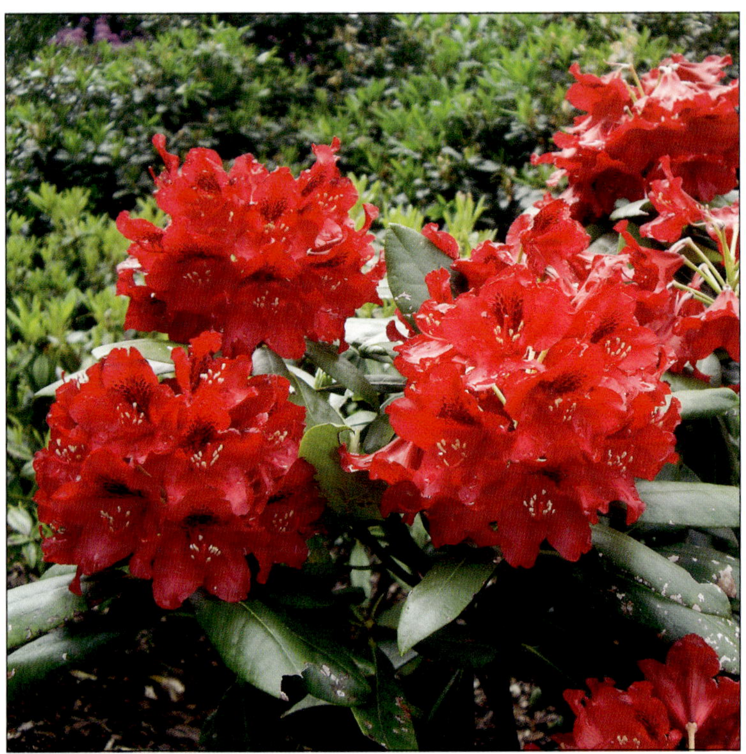

Im Rhododendronpark Graal-Müritz

Hauptweg der Natheidenschneise, auf der wir nach rechts unseren Weg fortsetzen. Etwa 2 km weiter mündet der Weg dann in die Schlemmin-Schneise. Hier wenden wir uns nach links und passieren die ansehnliche rund 250 Jahre alte Kreuzeiche, die ihren Namen nach dem kreuzförmigen Erscheinungsbild seiner Hauptäste erhielt. Am Waldrand angekommen, erblickt man zunächst eine lange Häuserreihe auf der linken Wegseite, in die noch immer eine Anzahl historischer Büdnerhäuser aus der Mitte des 19. Jahrhunderts eingestreut sind. Gleich auf dem ersten, am Waldrand gelegenen Grundstück, wurde bis in die 1920er Jahre eine Teerschweelerei betrieben.

Etwa 100 m vor der Chaussee nach Ribnitz-Damgarten zweigt nach rechts eine asphaltierte Straße ab. Der folgend, biegt wenige Meter weiter die Pfeil-Schneise nach rechts in den Wald ein, die hier noch den Straßennamen „Zum Forsthof" trägt. Dieser Schneise folgen wir nun für knapp 3 km in Richtung Gelbensande. Der Weg ist hier mit einem blauen Balkensymbol, später auch mit einem grünen Balkensymbol, gekennzeichnet. Kurz vor Erreichen des Ortes biegen wir nun, dem grünen Balkensymbol folgend, links in die Gehegeschneise ein. Der kurze Weg mündet unmittelbar neben dem kleinen Burghügel **„Wallberg"** ↗ in die Wallberg-Schneise ein. Nur wenige Meter links hinter dem kleinen Hügel fließt malerisch der Wallbach vorbei. Unser Weg führt uns aber nun nach rechts auf der Wallberg-Schneise zum unweit gelegenen Jagdschloss Gelbensande.

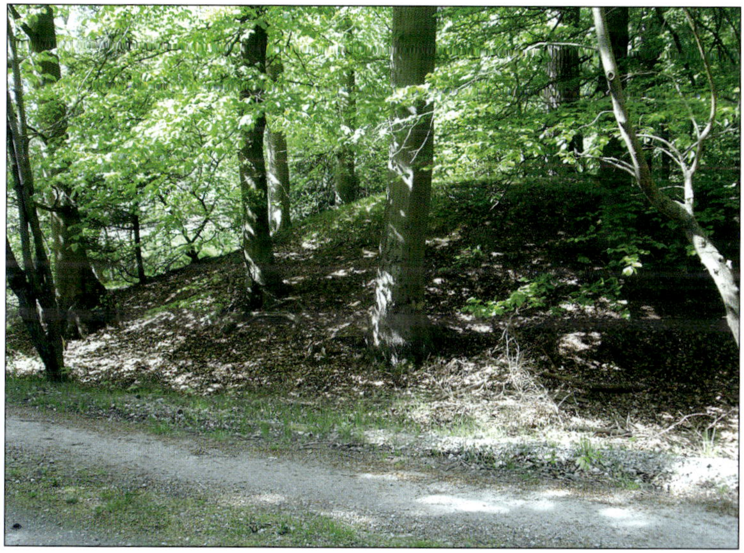

Der Wallberg – Rest eines mittelalterlichen dänischen Vorpostens

Der Wallberg
Zwischen 1310 und 1319 errichtet, ist der kleine, fast kreisrunde, von einem einstigen Wallgraben umgebene Hügel, der Rest eines mittelalterlichen dänischen Vorpostens am einstigen Danziger Botenweg, jenem Ostseehandelsweg, der bis ins 19. Jahrhundert hinein von Brügge bis nach Nowgorod führte. Bis Ende des 15. Jahrhunderts trug der Hügel

ein mit Ziegeln ausgemauertes Fachwerkgebäude, das von einer Pallisade umgeben war. Bis 1319 diente es in der Zeit des Dänenkönigs Erik Menved bei dem Versuch, die südliche Ostseeküste für Dänemark zu erobern, als militärischer Posten. Zwischen Hügel und Bachlauf sind noch Reste der so genannten „Schiffsgräben" erkennbar. In jener dänischen Zeit hatte der Wallbach über einen künstlich angelegten Kanal Verbindung mit der Ostsee. Jedes Jahr im Frühling sprießt unmittelbar in der Nachbarschaft des Hügels auf großen Flächen eine wilde Zwiebelart, der Bärlauch, den die Dänen als Heilkraut gegen die gefürchtete Seemannskrankheit Skorbut hier einst auswilderten. Dies ist der einzige seit Jahrhunderten bekannte Standort dieser Gebirgspflanze in Mecklenburg. Jahrzehnte danach, im Frühling des Jahres 1391, diente der verlassene Posten inmitten des Küstenurwaldes einigen Seeräubern der Likedeeler als Versteck vor den Truppen der Hansestädte. Die Freibeuter genossen hier den Schutz der unweit in Willershagen ansässigen Familie von Moltke. Der Sage nach war der Hügel auch Schlupfwinkel ihres Anführers Klaus Störtebeker.

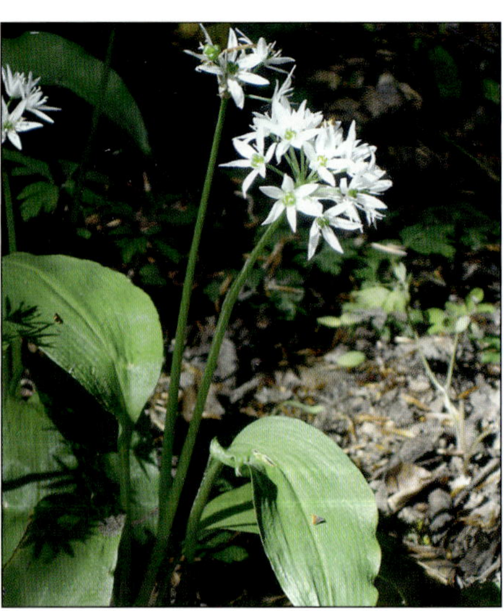

Bärlauch verströmt markantes Knoblaucharoma

Dem Hauptweg folgend, kann der Wanderer auf der linken Seite im Frühling die Blütenpracht vieler Rhododendren, als Rest einer bis 1989 hier gelegenen Rhododendron-Zuchtanlage, erleben.

Vorbei an einem neu erbauten Forstgebäude, erreicht man nach wenigen Schritten das **Jagdschloss Gelbensande ↗.**

Ein Blick in das bedeutendste Baudenkmal der Region, das in seiner Belletage (franz. „schöne Etage“) der Öffentlichkeit zugänglich ist, lohnt sich immer.

An der Südseite des Schlosses entlang führt der Weg in das Dorf **Gelbensande** ↗ hinein. Dem Schlossweg nach Westen folgend, gelangt man nach einem knappen Kilometer im historischen Dorfkern des Ortes an. Hier ist neben der großen Straßenkreuzung das Grün der alten Wäschebleiche eingefasst von einer Reihe einstiger Forsthäuser. Etwas zurückgesetzt grüßt das heute als Pflegeeinrichtung genutzte einstige Forstinspektionsgebäude.

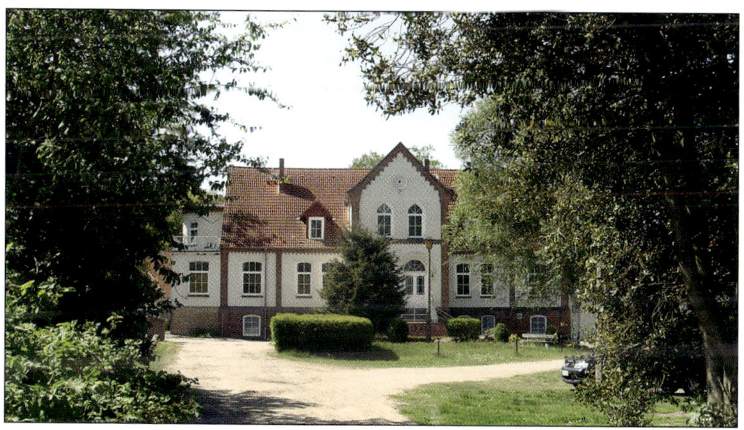

Der ehemalige Forsthof in Gelbensande

Gelbensande

Unmittelbar nach Ende des Dreißigjährigen Krieges wird das „Haus in geelen Sandt“, im Zusammenhang mit dem Wiederaufbau eines offenbar schon vor diesem Kriege existierenden Heidereiterhauses inmitten der Waldlandschaft, erstmals erwähnt.

Um 1710 entsteht hier eine kleine barocke Schlossanlage (1877 abgerissen). Für Herzog Karl Leopold von Mecklenburg-Lange bestand der einsame Ort nun nur aus diesen Anwesen mit deren Nebengebäuden.

Das einstige Heidereiterhaus wird schrittweise in eine Forstinspektion, einen regionalen Forstverwaltungssitz, umgewandelt. Erst ab 1840 erhält der Ort durch die Ansiedlung von sechs Büdnern

(Kleinbauern) dorfähnlichen Charakter. Ab 1871 erlebt der Ort eine sprunghafte Vergrößerung durch die Bebauung der heutigen Dorfstraße und hier die Ansiedlung von 12 Häuslern (Nebenerwerbsbauern).
Durch den Bau eines Großwohngebietes verdreifacht sich die Einwohnerzahl ab 1982.

Den Weg nach Westen fortsetzend, lassen wir zur Linken das alte, in Fachwerk erbaute Gebäude einer ehemaligen Revierförsterei und zur Rechten den Dorfteich liegen. Vorbei an einem alten Waldarbeiterkaten, in seinem gepflegten historischen Fachwerk, führt uns der Weg am Ende des Ortes wieder in den Wald. Das letzte Haus vor dem Wald an der linken Seite wurde 1921 für den berühmten Forstmeister Adolf von **Oertzen** ↗ erbaut. Am Waldrand geht nach rechts die Teerofenschneise ab. Ihr folgend erreicht der Wanderer kurz darauf den idyllischen **Gelbensander Waldfriedhof** ↗ mit seiner kleinen 1925 erbauten malerischen Kirche. Unmittelbar hinter dem Kirchengebäude sind eine Reihe interessanter Persönlichkeiten beerdigt, von denen hier einige ausgewählt sein mögen:

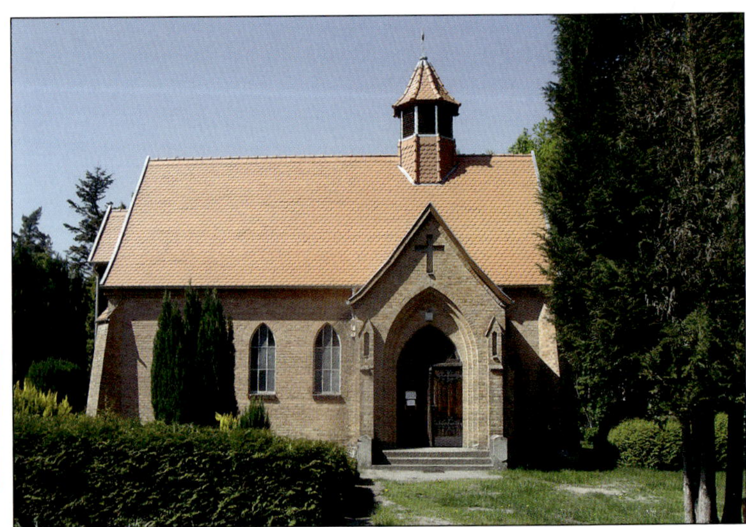

Kirche in Gelbensande

Prof. Dr. Friedrich Brunstaed (1883-1944)
(Am Ende der östlichsten Reihe hinter der Nordseite der Kirche)
Prof. Brunstaed trat in der NS-Zeit als eine wichtige Schlüsselfigur im Widerstand der „Bekennenden Christen" gegen die NS-Führung in Erscheinung. Er war Lehrer und Freund des späteren Bundespräsidenten Theodor Heuss, der Bundesminister Walter Hallstein und Eugen Gerstenmeier. Die Gestapo hatte bei seiner Beisetzung an die Rostocker Studentenschaft ein Teilnahmeverbot angewiesen. Brunstaeds Studenten nahmen trotz Verbot an der Trauerfeier in Gelbensande teil. Als Strafe mussten daraufhin einige Studenten ihr Studium abbrechen und erhielten den Einberufungsbefehl in ein Straf-Bataillon.
Bundespräsident Heuss hat die Bedeutung Prof. Brunstaeds während seiner Amtszeit wiederholt in öffentlichen Reden gewürdigt.

Grete Cords (1887-1945)
Lisbeth Cords (1889-1974)
(Am Ende der zweiten östlichen Reihe hinter der Kirchen-Nordseite, gegenüber der Familiengrabstätte v. Oertzen)
Die zwei hier beigesetzten Geschwister waren die Töchter des größten Rostocker Reeders, deren Wohnhaus, die so genannte Cordssche Villa, am Meiershausstelleweg liegt.
Nach Grete Cords war auch das Handelsschiff benannt, welches nach dem Ende des zweiten Weltkrieges umbenannt in „Vorwärts" für den Beginn der Deutschen Seereederei der DDR stand. Die Geschwister haben in der Geschichte Gelbensandes als Mäzene häufig eine große Rolle gespielt. Hervorzuheben ist auch ihr Einsatz während der Lazarettzeit 1945, in der sie vielen Menschen das Leben retteten. Bei ihrer aufopferungsvollen Arbeit infizierte sich Grete Cords schließlich selbst mit einer tödlichen Krankheit.
In unmittelbarer Nähe der genannten Gräber haben auch fünf Häftlinge des unweit gelegenen Konzentrationslagers ihre letzte Ruhe gefunden.
(↗ KZ Schwarzenpfost)

Der Teerofenschneise weiter folgend, wird bald darauf das ehemalige **Forsthaus Meiershausstelle** sichtbar. Unmittelbar vor dem Gebäude verläuft heute die Kreisgrenze zwischen dem Landkreis Doberan und der Hansestadt Rostock, die bis 1945

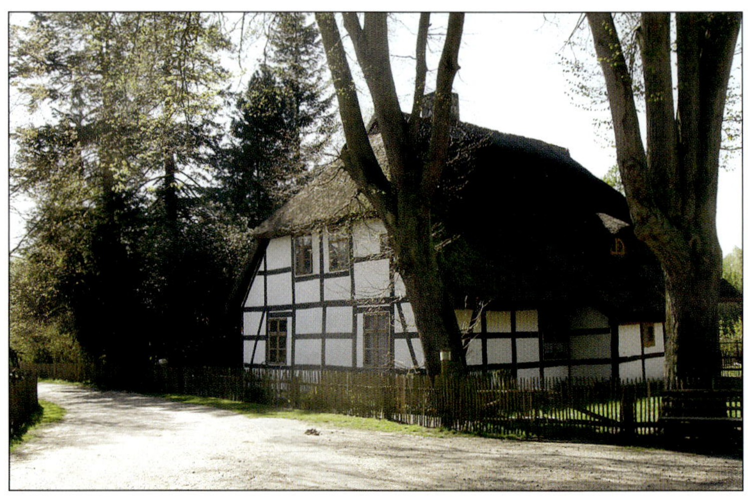

Das ehemalige Forsthaus Meiershausstelle

auch die Eigentumsgrenze zwischen den Waldungen der früheren mecklenburgischen Landesfürsten und der Hansestadt Rostock markierte. Das in Fachwerk erbaute, malerische, einstige Forstgebäude wurde am Ende des 18. Jahrhunderts errichtet und zählt zu den schönsten und ältesten Beispielen der in dieser Landschaft entstandenen, forstlich geprägten Heidearchitektur. Links am Forstgebäude vorbei betreten wir nun Rostocker Stadtgebiet und finden am linken Wegrand eine kleine Gruppe von Edelkastanien, auch als Maronen oder Esskastanien bezeichnet. Wenige Meter weiter erreichen wir erneut eine Schneisenkreuzung. Hier führt unser Weg nach links über den Wulfskuhlenweg weiter. Bald darauf nach rechts der Hauptwegtrasse folgend setzen wir unseren Weg auf der **Ziegenheiden-Schneise** fort. Kurz darauf passieren wir die 1989 stillgelegte, einst von dem berühmten Rostocker Landschaftsgärtner Friedrich Karl Evert angelegte **Rhododendron-Zuchtanlage**. Im Frühling erstrahlen hier die vielfach übermannshohen verschiedenen Rhododendren in beeindruckender Farbenpracht.

Einige Hundert Meter weiter weist uns ein Schild den Weg nach links zu dem malerischen Ruheplatz des ehemaligen Revierförsters Felix Westphal. Der links gegenüber abzweigende Waldweg führt uns zu der **Gedenkstätte** des ehemaligen

Konzentrationslagers Schwarzenpfost/Steinheide ↗.

Nach dem Abstecher zum Konzentrationslager-Erinnerungspfad setzen wir unseren Weg nach Westen fort. Die Ziegenheiden-Schneise mündet schließlich in die Pösten-Schneise.

Hier biegen wir links ab, um dann gleich rechts in den Dwasweg zu wechseln, der uns zum **Museum „Forst- und Köhlerhof Wiethagen"** ↗ führt. Nach dem Besuch des Forst- und Köhlerhofes lohnt sich noch ein kleiner Abstecher.

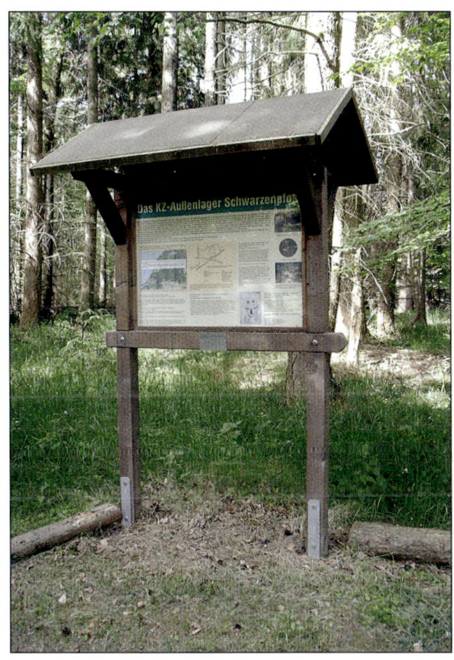

Infotafel am KZ-Erinnerungspfad

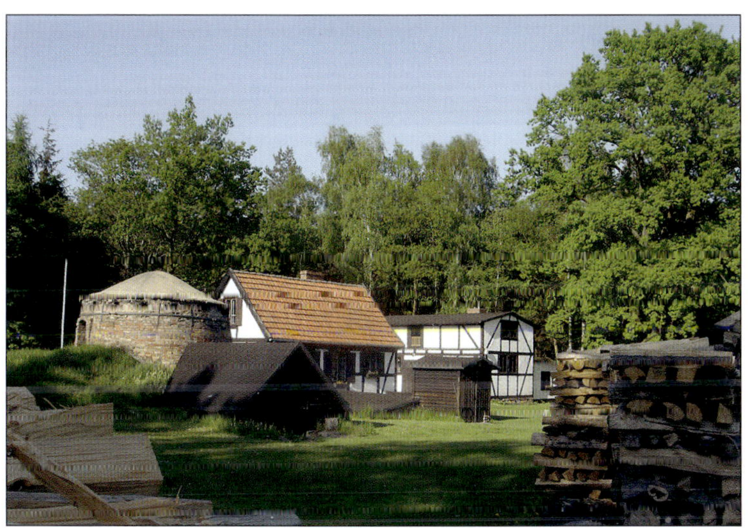

Das Museum „Forst- und Köhlerhof Wiethagen"

Das KZ-Lager Schwarzenpfost

Im Kriegsjahr 1943, ein Jahr nach den besonders starken Bombardierungen der Hansestadt Rostock, entstand die Idee, kriegswichtige Rüstungsproduktionsstätten auszulagern und an gut getarnten Orten wieder aufzubauen. Hinter dem Decknamen „Robert" verbarg sich ein solches Projekt höchster Geheimhaltung in den weitläufigen Forsten der Rostocker Heide. Man begann den Plan zu realisieren, hier ein neues großes Flugzeugwerk zu errichten. Nach der Bombardierung des Heinkelwerkes Rostock-Marienehe hatte man das Werk in 40 Klein- und Mittelbetriebe über ganz Mecklenburg aufgeteilt, was jedoch keine akzeptablen Produktionszahlen gewährleistete. Nun sollte ein großer Betrieb auf einem 97 Hektar umfassenden Gelände großzügig aufgebaut werden. Es wurde fast ausnahmslos von KZ-Häftlingen und Fremdarbeitern aus dem Boden gestampft. Darüber hinaus befand sich in Oberhagen, einem Ortsteil von Rövershagen, noch ein Unterkunftslager für die weiblichen Häftlinge. Das Areal war von elektrisch geladenem Stacheldraht umgeben, über dem sich drei Wachtürme erhoben, besetzt mit schwer bewaffneten SS-Wachleuten, die einer Ravensbrücker Einheit der Totenkopfstandarte angehörten. Neben einem Verwaltungsgebäude waren fünf Baracken als Unterkunft für ca. 300 Häftlinge aufgebaut worden. Die ausgemergelten Menschen trieb man täglich über zwei Kilometer weit in den Wald bei Schwarzenpfost zu zwölfstündiger schwerster Aufbauarbeit.

Die Erinnerungen der hier einst als Häftling vom KZ Ravensbrück ins Lager überstellten Frau Mara Zanewa Beltschewa Göbelsmann aus Bulgarien zeugen bis in unsere Tage vom unmenschlichen Lagerregime: *„...Eines Tages, – das Bild, das auch bis heute vor meinen Augen steht – aus dem Lager Barth kamen 200 Frauen und junge Mädchen, die zu den anderen Häftlingen geführt wurden. Sie mussten auch in derselben Fabrik arbeiten* (Anm. damit ist Schwarzenpfost gemeint W.S.). *Sie waren so verschmutzt, so verlaust, dass ich unmöglich zu den anderen Häftlingen sie hinzuführen konnte. Ich ließ sie stehen in dem Hof und bin zu der Hauptaufseherin gelaufen, um für sie frische Wäsche und Kleider zu erbitten. Sie waren über Monate nicht umgezogen, und das Hemd war auf ihren Rücken wie ein hartes Brett. Es hat sie mehr gedörrt (?), als es* sie gewärmt hat. Ihre Rücken, ihre Körper waren wundgebissen... Diese Frauen waren hauptsächlich Journalistinnen, Ärztinnen, Lehrerinnen. Bewusst hat man sie so beleidigt, erniedrigt, einfach 8 Monate nicht die Wäsche zum wechseln gegeben. ...Dann nahm ich 200 Kleider und 200 Hemden für alle, ..."

Frau Magdalena Szabolcsi Imrene aus Ungarn schilderte 1964 ihre Erinnerungen aus der Schwarzenpfoster Lagerzeit: *„...Im April 1945 wurden wir nach Schwarzenpfost geführt, um dort in einer Flugzeugfabrik zu arbeiten, aber wegen unserer Schwäche konnten wir das nicht mehr tun. Es gab überhaupt keine Küche, wir erhielten uns nur davon, was wir auf der Erde gefunden haben. Das Lager war nicht weit von der Straße, so konnten wir es sehen, dass die Menschen vor der Front flohen. ...Im Lager Schwarzenpfost waren ungefähr 300 Frauen. Es waren auch Männer dort, die waren aber durch einen Drahtzaun von uns getrennt, wie viele es waren, weiß ich nicht, da irgend eine Verbindung mit ihnen für uns ganz unmöglich war. Was die Nationalität der Häftlinge anbelangt, waren dort Deutsche, Tschechen, Ungarn, Jugoslawen, Holländer und am meisten Russen. Die Aufseher waren SS-Frauen. Unser Wohnlager war, wie ich mich erinnern kann, in Schwarzenpfost. Ich kann mich ganz genau erinnern, dass dort mehrere Baracken waren. Wieviel kann ich jetzt schon nicht mehr genau sagen. Beim Todesmarsch, der in Warnemünde endete und von Schwarzenpfost durch den Wald führte hat man viele Frauen getötet. ...Das Näherrücken der Front zwang die SS in der Nacht zum 30.April 1945 das Lager zu evakuieren. Die Häftlinge, im April waren noch männliche Häftlinge aus östlicher Richtung, teils zu Fuß, teils mit Lastautos eingetroffen, wurden durch den Wald nach Hinrichshagen getrieben. Von hier ging der Marsch über Markgrafenheide nach der Hohen Düne. Als die SS-Wachmannschaft erfuhr, dass die Rote Armee bereits bei Warnemünde steht, setzte sie sich in Zivilkleidung ab. Ein SS-Offizier, der uns immer mit solchen feinen Ausdrücken wie „Drecksäcke"; „Schweine" und „Sauhunde" belegt hatte, rief uns mit einen Mal zu: „Herrschaften ihr seid frei!" Mit einem Mal waren wir „Herrschaften". ...Unterwegs haben wir immer wieder Schüsse gehört, Häftlinge, die in ihrer Schwäche nicht mehr weiter konnten, wurden von der SS „umgelegt", ermordet."*

1. Route

Abstecher:
Wenige Schritte vom Museum nach Norden, um auf dem einstigen Schießplatz den Informationsweg zur früheren militärischen Nutzung der Heide anzusehen.

Hier können wir dann auf der **Meiershausstellen-Schneise** gen Westen unseren Weg nach Wiethagen fortsetzen. Nach wenigen hundert Metern passieren wir hier das schön sanierte Fachwerkgebäude, welches heute das **Stadtforstamt** der Hansestadt beherbergt. Wochentags lohnt sich ein Blick hinein, da hier in der Regel wechselnde sehenswerte Foyer-Ausstellungen anzuschauen sind (übrigens steht hier während der Dienstzeiten auch ein öffentliches Behinderten-WC zur Verfügung). Auf unserem Weg fortfahrend langen wir bald im Ortskern des Dörfchens **Wiethagen** an. Das gepflegte Fachwerkhaus linkerhand am Ortsanfang war einst der Witwenkaten für die hinterbliebenen Ehefrauen der Förster. Hinter der nächsten Biegung langen wir am heute als Revierförsterei genutzten Forstfuhrmannskaten an. Hier zeigt uns ein Wegweiser und das blaue Balkensymbol daneben den im spitzen Winkel abzweigenden Weg zum **Becker-Stein** ↗ und nach Hinrichshagen. Den Gedenkstein für den wohl verdienstvollsten Heideförster haben wir dann bald erreicht.

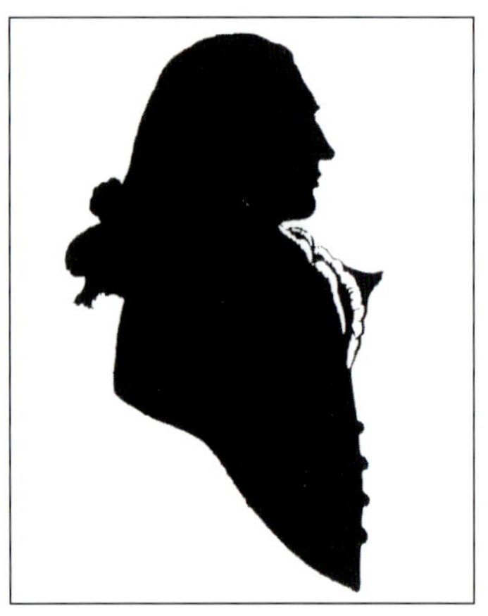

Porträt Hermann Friedrich Becker um 1790

Hermann Friedrich Becker (1766-1852)
Im Jahre 1925 schrieb Friedrich Barnewitz in seiner Geschichte des Hafenortes Warnemünde: „Immerhin steht fest, dass sich im Juni 1817 Forstinspektor Becker aus Rövershagen mit seinen Angehörigen, sicher aber auch noch andere Familien, mehrere Wochen lang, während des Sommers in Warnemünde aufgehalten haben, um zu baden..." Damit erwarb sich

Hermann Friedrich Becker den Ruf, erster Badegast des später so berühmten Badeortes Warnemünde gewesen zu sein. Aber nicht dieser, mehr zufällige Umstand, macht die Bedeutung dieses Mannes aus.

Bereits in seiner Studentenzeit bis 1790 in Rostock, Göttingen, Frankfurt/M. und Heidelberg legte er eine besonders große Vielseitigkeit an den Tag. Er belegte die Fächer Physik, Baukunst, Ökonomie, Philosophie, Latein, Französisch, Italienisch, Mechanik, Landwirtschaft, Chemie, Botanik, Naturgeschichte, Feldvermessung und anderes mehr. Bereits vor Ende seines Studiums unterhielt Becker gemeinsam mit seinem Freund Adolf Christian Siemssen (1768-1833) als Chefredakteur über einige Jahre die zu jener Zeit sehr geschätzte „Monatsschrift von und für Mecklenburg". Die Zahl der naturwissenschaftlichen, philosophischen und ökonomischen Beiträge Beckers ist schier unüberschaubar. Im Jahre 1791 veröffentlichte er mit der „Beschreibung der Bäume und Sträucher welche in Mecklenburg wild wachsen zum Gebrauch der Landleute und Förster", das erste spezifisch dendrologische Regelwerk Mecklenburgs. Diese Schrift belegte seine fachliche Eignung als Forstmann, so dass es ihm mit dieser Reverenz, gerade vierundzwanzigjährig, gelang, das zuvor ausgeschriebene Amt des Forstinspektors der Rostocker Heide einzunehmen. Mit Beckers Amtsantritt wurde für die Rostocker Heide die Ära der geregelten Forstwirtschaft ↗ eingeleitet. Mit der bis heute gültigen Aufteilung der Waldlandschaft in fünf Forstreviere fand die erste Forsteinrichtung durch Becker ihren Abschluss. Er führte die schlagweise Einteilung des Hochwaldes und entwickelt dazu eine Methode des Auszählens, erfindet einen nach ihm benannten Höhenmesser zur Abschätzung der Nutzholzlänge der stehenden Hölzer, der lange Zeit Anwendung in der Forstwirtschaft fand. Darüber hinaus veröffentlichte er unermüdlich forstwirtschaftliche Beiträge.

Unter Fachleuten werden als Begründer der deutschen Forstwirtschaft Namen wie Heinrich Cotta, Gottlieb König, und Friedrich Wilhelm Leopold Pfeil genannt. Jüngere Erkenntnisse bei der Sichtung des umfangreichen, weit verstreuten Nachlasses Beckers lassen inzwischen den Schluss zu, das auch der Rostocker Forstinspektor zu diesem Kreis der ersten deutschen Forstmänner gerechnet werden muss. Bereits im Jahre 1789, zur Gründung der Forstakademie Zillbach in Thüringen (später nach Tharandt, bei Dresden verlegt), ist ein Gedankenaustausch zwischen Cotta und Becker belegbar. Gemeinsam gründeten sie die „Versammlung deutscher Land- und Forstwirte". Bevor er 1846, nach 55 Jahren als oberster Forstverwalter der Hansestadt Rostock in den Ruhestand ging, stiftete er in Rövershagen die erste öffentliche Dorfbibliothek Mecklenburgs und ein Armenhaus. Auch als Erfinder trat Becker in Erscheinung, so konstruierte er Messgeräte, erfand eine Dreschmaschine und erarbeitete eine Schrift zur Lenkbarkeit von Luftschiffen (rund 70 Jahre vor Graf Zeppelin!)

Malerisch führt uns dann der Weg zwischen mehrhundertjährigen Eichen immer den Waldrand entlang nach **Hinrichshagen**. Aus dem Wald heraustretend, öffnet sich der Blick auf das 1795 als Försterei erbaute „Boomhus" bzw. den **„Schinkenkrug"**, das angesichts seines Alters und seiner Gepflegtheit zum Blickfang wird. Dessen Reiz sowie sein damaliger Bewohner, der „alte Strömann", ein Heide-Original, lockten vor mehr als hundert Jahren bereits Wilhelm Busch, Theodor Fontane, Heinrich Seidel und Johannes Trojan an diesen Ort.

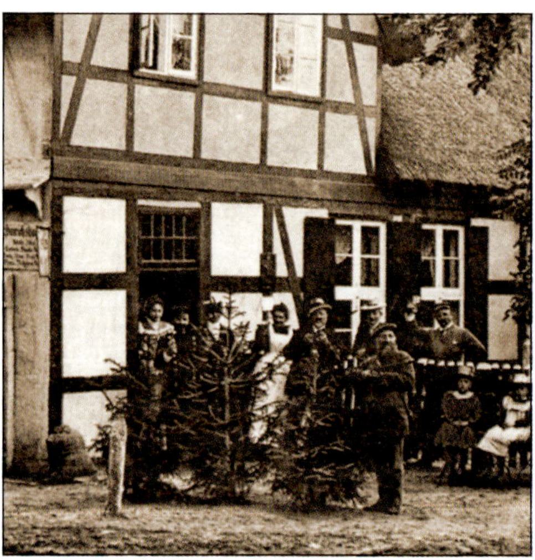

Der alte Strömann vor dem Forsthaus Hinrichshagen um 1890 (Im Hintergrund mit Strohhut und Wanderstock der Schriftsteller Johannes Trojan)

Manches von hier ausgehende Erlebnis ging so in die Literatur ein. Auf der Rückseite des Schinkenkrug-Grundstückes führt der Radweg weiter nach Markgrafenheide ↗. Auf halbem Wege dahin weist uns ein Schild, den Weg nach rechts abzweigend, dem Ostseeküsten-Radweg (gelber Balken) weiter zu folgen, der uns nun in nördliche Richtung über mehrere Kilometer dem Seeheilbad Graal-Müritz ↗ näher bringt. Rund 100 Meter nach Überqueren der Landstraße nach Markgrafenheide lädt uns ein Hinweisschild auf einen Abstecher zum 300 m entfernten, Legenden umwobenen **Brandt's Kreuz** ↗ ein. Über Sandfurtsweg, Kellerheidenweg und **Müggenburger Schneise**, an wechselnden wunderschönen Waldbildern entlang, führt unser Weg nun zu zwei Gedenksteinen. Am Ende der Müggenburger Schneise verlassen wir den scharf nach rechts abbiegenden asphaltierten Weg. Ein Hinweisschild weist uns geradeaus in einen etwas sandigen Weg. Nach knapp hundert Metern öffnet sich die Landschaft und die **Reminsche Wiese** entfaltet ihre Romantik. Am Wiesenrand erblicken wir dann auch den **Gedenkstein** für den Förster Max **Garthe** ↗.

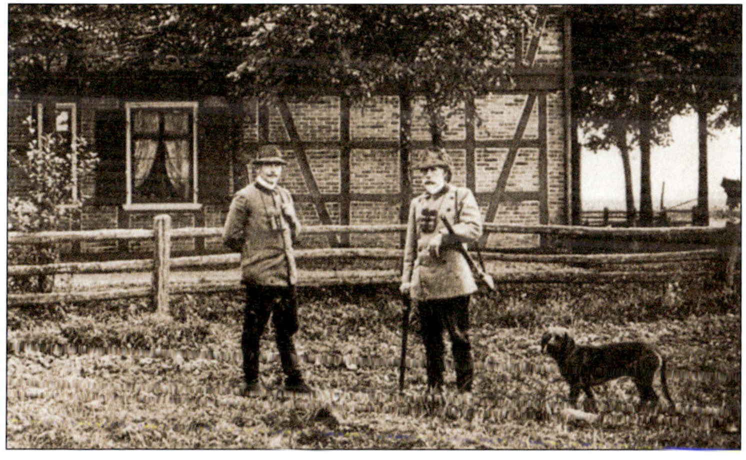

Max Garthe (links) mit seinem Revierförster Ludwig Köster um 1919 vor dem Forsthaus Schnatermann

Schräg gegenüber dem Garthe-Stein zweigt ein unscheinbarer Weg, mit dem blauen Balkensymbol markiert, nach Osten ab. Er führt uns über einige hundert Meter zum benachbarten **Krause-Stein** ↗.

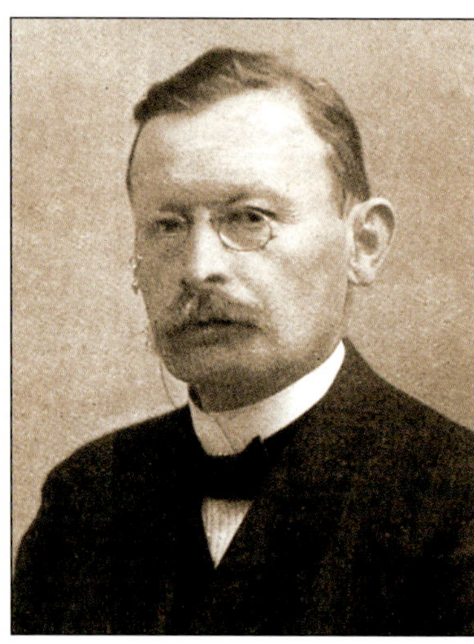

Der Heideforscher und Archivar Ludwig Krause

Nur wenige Schritte weiter nach Osten erreichen wir bald darauf die Bäderstraße nach Graal-Müritz. Hier können wir nach links abbiegen und auf dem straßenbegleitenden Radweg über Torfbrücke unseren Ausgangspunkt in **Graal-Müritz** wieder erreichen.

Ludwig Krause

Ludwig Krause war ein verdienstvoller Heide-Forscher und Archivar des Rostocker Stadtarchivs. Durch seine Initiative begann der Heimatbund Mecklenburg 1908 mit der Flurnamensforschung in der Rostocker Region. Im Jahr 1918 schloss Krause dazu sein postum 1925 erschienenes Buch „Die Rostocker Heide im Spiegel ihrer Orts-, Forst- und Flurnamen" ab. Unermüdlich wanderte er durch ganz Mecklenburg und ganz besonders durch die Landschaft zwischen Rostock und Ribnitz, sammelte und schrieb auf was ihm interessant erschien und ordnete es schließlich in mehr als 500 Orts-Sammelmappen, die noch heute als „Krausesche Fundchronik" einen besonders wichtigen Bestand im Rostocker Stadtarchiv darstellen. Als Ludwig Krause 1924 starb, hinterließ er hunderte Beiträge zur Geschichte Mecklenburgs, insbesondere zu seiner Heimatstadt Rostock und der Rostocker Heide.

Der 1926 enthüllte Gedenkstein befindet sich an der Stelle des bis Ende des 18. Jahrhunderts eingegangenen Dorfes Müggenburg. Nur der Dorfteich erinnert an dessen einstiges Zentrum.

2. Route: Durch Moor und Wald nach Graal-Müritz

Beginn: Markgrafenheide, Moorbrücke

Wegeverlauf: Rosenort – Graal-Müritz – Torfbrücke – Hinrichshagen – Markgrafenheide

Charakter: Die Route führt entlang eines der malerischsten Ostseeküstenabschnitte mit immer wieder beeindruckenden Blicken und durch das Vogelschutzgebiet Heiliger See/Hütelmoor. Die Rad- und Wanderwege sind ausnahmslos leicht zu radeln oder wandern und bieten keine größeren Schwierigkeiten.

Wander- und Radwanderstrecke: 21,5 km

Gastronomie: Hinrichshagen, Markgrafenheide

Ausgangspunkt dieser Wander- und Radtour ist unmittelbar an der

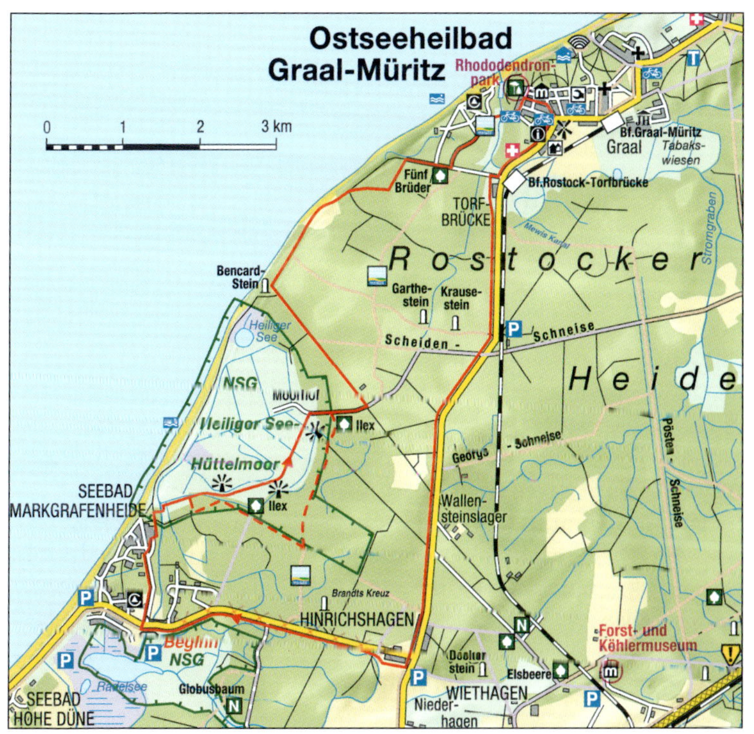

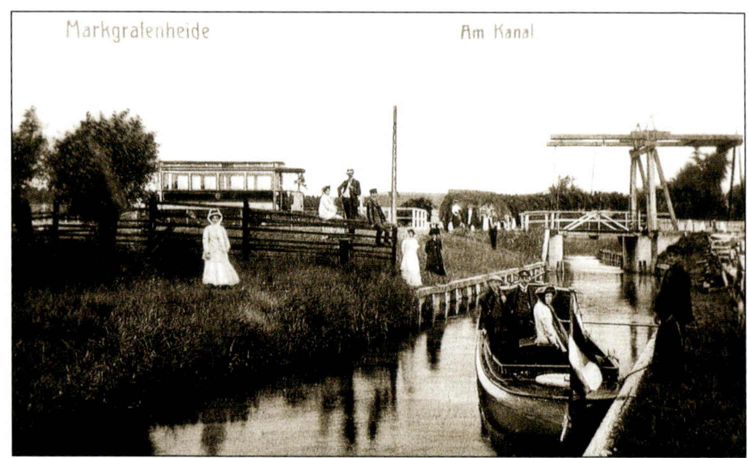

Markgrafenheide an der Moorgrabenbrücke um 1900

Markgrafenheide

Die Herkunft des Ortsnamens ist mit der Legende verbunden, dass 1311 bei einem Kriegszug gegen Rostock hier ein brandenburgischer Markgraf in einem goldenen Sarg begraben worden sei. Noch Ende des 19. Jahrhunderts bestand der Ort nur aus einer Bauernstelle, einem Forsthaus, einer Köhlerei und einigen Fischerbuden. Erst mit der Einrichtung eines Flugplatzes 1912 zwischen Markgrafenheide und Warnemünde begann sich hier eine nennenswerte Ortschaft zu entwickeln.

Moorgrabenbrücke mitten in Markgrafenheide. Unser Weg führt uns zunächst den Budentannenweg entlang. Nach wenigen Schritten passieren wir den alten, heute schön restaurierten **Forstfuhrmannshof**. An zwei Ferienzentren vorbei, führt unser Weg zunächst immer dem blauen Balkensymbol folgend, am Waldrand entlang. Im Wald öffnet sich an der rechten Wegseite immer wieder der Blick zum Moorgraben, dem vor rund 200 Jahren zu einem Kanal für die Torfprahme ausgebauten einstigen Warnow-Mündungsarm. Bald darauf öffnet sich der Wald und wir sind am Rande des **Naturschutzgebietes „Hütelmoor/ Heiliger See“** angelangt. Hier treffen wir auf eine Wegegabelung. Das blaue

Balkensymbol weist uns auf den Europawanderweg E9 hin, der von hier ab über fast 1,5 km als sandiger Fußpfad über den Dünenkamm zum Küstenabschnitt Rosenort führt.

Achtung: nicht fahrradtauglich!

Wir folgen jedoch nach rechts, quer durch das Moor, dem zunächst mit einem grünen Balkensymbol gekennzeichneten Weg. Nach einigen hundert Metern zweigt der gekennzeichnete Weg nach rechts in den Wald ab. Wir setzen unseren Weg jedoch durch das Moor fort.

Tipp:
Werden an dieser Wegkreuzung extreme Wasserstände im Moor offensichtlich, biegen wir hier rechts ab und nutzen wir den Waldweg und umgehen das Moor nordöstlich über die Kuh-Schneise (grüner Balken) – Kellerheidenweg (gelber Balken)!

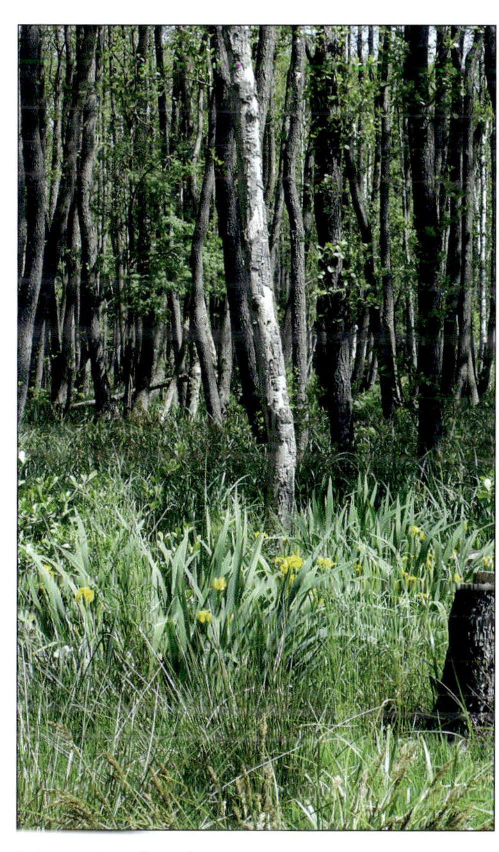

Iris am Standort des einstigen Moorhofes

In seiner zweiten Hälfte zeigt sich der Weg durch das Moor als noch akzeptabel befahrbare Betonspurbahn, die schließlich am Waldrand an jener Stelle endet, an der bis Mitte des 20. Jahrhunderts der **Moorhof** ↗ lag.

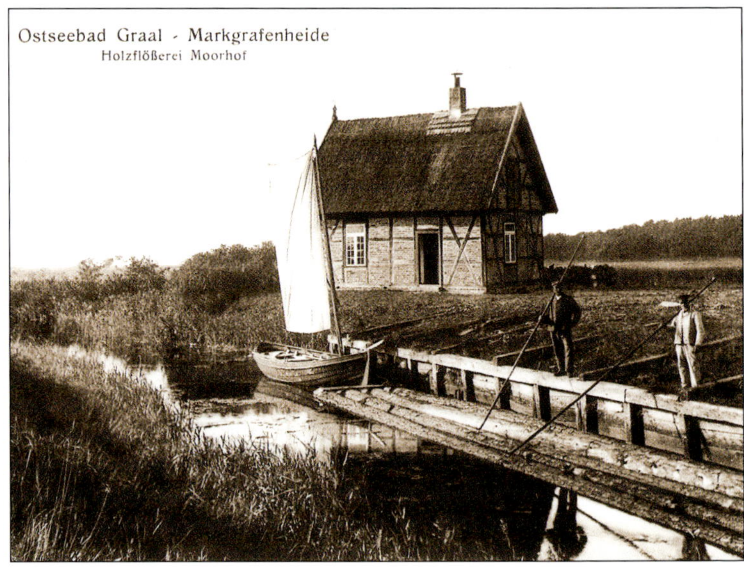

Flößer am Moorhof um 1920

Moorhof und Flößerei

Zwischen dem 17. und dem 19. Jahrhundert existierte am nordöstlichen Rand des Moorgebietes eine Bauernstelle, der Moorhof. Lebensgrundlage war die Viehhaltung im Wald und auf den Moorflächen. Die Abschaffung der Waldweide am Anfang des 19. Jahrhunderts entzog dem Hof die Existenzgrundlage. Vor dem Hof war auch der Endpunkt einer Wasserverbindung zum Breitling, der noch bis 1925 zum Holztransport des Heideholzes nach Rostock und Warnemünde mittels Flößen genutzt wurde. Mit der Eröffnung der Bahnverbindung nach Graal-Müritz 1925 hatte ein günstigeres Verkehrsmittel zum Holztransport die Waldlandschaft erreicht und auch das Flößergewerbe starb aus.

Über einen Abschnitt des gut asphaltierten Blocksbrückenweges ist bald die Wegekreuzung mit der Rosenort-Schneise erreicht. Hier biegen wir nach links in Richtung Küste ab. Kurz vor der Düne treffen wir auf den **Bencard-Stein**.

Charles Bencard (1877-1956)
Im Jahre 1951 übergab der damals 74 Jahre alte Forstinspektor Bencard die Rostocker Heide nach 34-jährigem Wirken für den Heidewald an den neu gegründeten Staatlichen Forstwirtschaftsbetrieb Rövershagen und setzte damit den vorläufigen Schlusspunkt unter eine 160 Jahre währende Ära. Hochverdient, aber ohne Dank, ging er in den Ruhestand. Um die Stelle des im Kriege 1914 gefallenen Forstinspektors Max Garthe neu zu besetzen, war Bencard 1918 in den Dienst der Hansestadt Rostock genommen worden. Als Enkel eines früheren Bürgermeisters der Stadt hatte er hier einen klangvollen Namen. Den Zielen und der Tradition seines Amtes bewusst, begann er sein Wirken im Jahre 1921 mit einer großen Zwischenrevision der Beckerschen und Gartheschen Waldwirtschaft. Im Jahre 1925 fiel auf seine Veranlassung die Eingatterung der Rostocker Heide. Ganz nebenbei öffnet der liberale Forstmann seinen Wald auch der sich neu entwickelnden Naturfreunde- und Wanderbewegung. Nach Kräften unterstützt er die Schaffung solcher Wanderherbergen wie das Haus Uhlenflucht und das Waldhaus im Torfbrücker Revier. Nach 1933 bekannten sich die meisten Förster zum Nationalsozialismus, allerdings nicht Bencard. Dem Gauleiter Hildebrandt und dem Rostocker Oberbürgermeister Volgmann war ein parteiloser Forstinspektor und Jagdleiter unbequem und hinderlich, sodass man Bencard 1942 zwangspensionierte. Bald zu der Erkenntnis gelangt, dass man auf diesen Fachmann nicht gut verzichten konnte, wurde der 67-jährige umgehend zwangsdienstverpflichtet. In den Kriegs- und Nachkriegsjahren war sein Bemühen darauf gerichtet, den Heidewald vor Einschlagforderungen für Rüstung und Reparation zu schützen. Nach Kriegsende wurde der Oberforstmeister durch die Stadt wieder in seine alte Funktion eingesetzt. Von 1946 bis 1951 erfolgte unter seiner Leitung die große Aufforstung der enormen Kriegskahlschläge. Bis zu seiner Pensionierung schloss er diese Aufgabe im Wesentlichen ab. Mit dem Ende seines Wirkens als Forstmann in der Rostocker Heide schrieb Bencard die letzte Seite der vor über hundert Jahren von Hermann Friedrich Becker begonnenen „Heidechronik". Sie endet mit dem Credo: *„Im Juni 1951 geht die Rostocker Heide, die am 1. März gerade 700 Jahre*

Eigentum der Stadt gewesen ist, in das Eigentum des Staates über. Die Heide wurde schon um 1600 das „Kleinod der Stadt Rostock" genannt und da sie auch für die Zukunft die Lunge der sich immer mehr vergrößernden Stadt bleiben wird, ist es zweifellos zu bedauern, dass der Rat der Stadt jetzt gänzlich ausgeschaltet ist... Der schöne artenreiche Wald ist in der Nähe einer Großstadt eine noch größere Förderung des Nationalreichtums als die Verbesserung der Holzwerte. Die jetzt wieder überhand nehmenden Kahlschläge sind bedauerlich.
Ch. Bencard"

Unmittelbar vor dem Dünenaufgang zweigt nun der in Richtung Graal-Müritz ↗ wieder mit einem blauen Balkensymbol ausgezeichnete Weg, dem wir nun etwa 2 km folgen. Der ausgeschilderte Weg mündet schließlich unweit des Zeltplatzes Uhlenflucht bei Graal-Müritz in die **Wiedort-Schneise**.

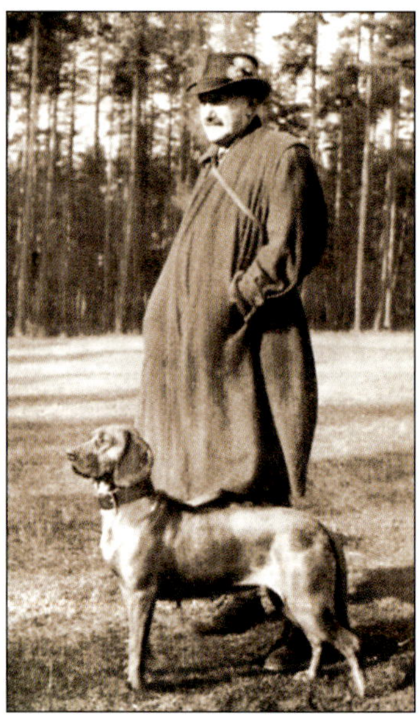

Förster wie aus dem Bilderbuch – Charles Bencard

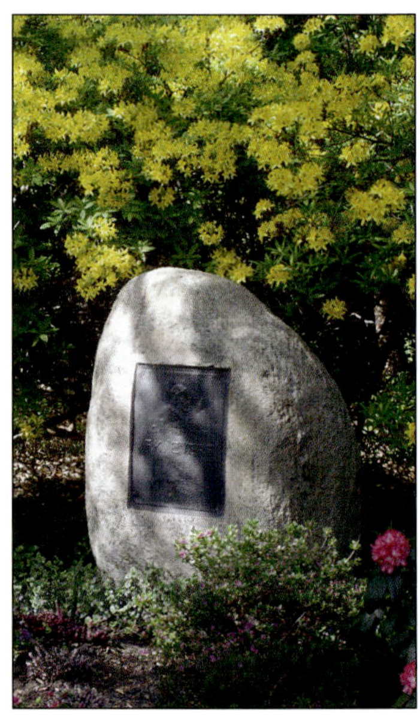

Gedenkstein für Friedrich-Karl Evert

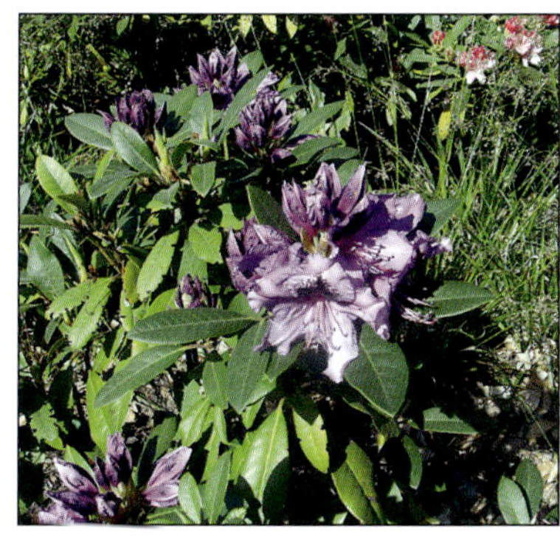
Im Rhododendronpark

Nach rechts gewandt können wir dem blauen Balkensymbol folgen, gerade am Parkplatz vorbei und über den kurz darauf links abzweigenden **„Heuweg"** zum **Rhododendronpark** von Graal-Müritz fahren, oder die Wiedort-Schneise bis zur Einmündung in die Bäderstraße fahren.
Unser Rückweg (ab Rhododendronpark betrachtet) führt uns durch die Kurstraße, am Haus des Gastes vorbei, nach rechts zum Ortssausgang in Richtung Rostock. Nach passieren der Stromgraben-Brücke am Ortsausgangsschild haben wir Rostocks nördlichsten Ortsteil, **Torfbrücke,** erreicht. Nun folgen wir dem straßenbegleitenden Weg über mehr als 3 km bis nach **Hinrichshagen**. Wir durchqueren

Rhododendronpark

Der ca. 4,5 ha große Rhododendronpark wurde in den Jahren 1955-1961 von dem Rostocker Gartenarchitekten Friedrich-Karl Evert geschaffen. Er ist einzigartig in Mecklenburg-Vorpommern. Im Park befinden sich 60 verschiedene Rhododendronhybriden. Wenn die über 2000 Stauden von Mai bis Juni erblühen, erstrahlt der Park in einem besonderen Glanz. Dann feiern die Graal-Müritzer mit ihren Gästen das Rhododendronpark-Fest.

das malerische Waldarbeiterdorf bis an die Straßenkreuzung der Bäderstraße nach Warnemünde. Hier lohnt sich der Blick auf das über 200 Jahre alte, schön restaurierte Fachwerkhaus, das ursprünglich eine Försterei war und das heute als **„Boomhus"** oder **„Schinkenkrug"** bekannt ist. Die traditionsreiche Gaststätte lädt uns zum Verweilen ein. Wir umrunden das Fachwerkgebäude links und stoßen hinter dem Grundstück auf den Radfernweg in Richtung **Markgrafenheide** ↗ und haben nach rund 3 km unseren Ausgangspunkt wieder erreicht.

3. Route: Zu Fuß und mit dem Schiff – Besuch am Schnatermann

Beginn: Markgrafenheide, Moorgrabenbrücke

Wegeverlauf: Markgrafenheide –Forsthaus Schnatermann – Brandts Kreuz – Markgrafenheide – Schiffsanleger neben der Moorgrabenbrücke in Markgrafenheide

Charakter: Malerischer Wanderweg, teilweise als Naturlehrpfad, am Rande des Naturschutzgebietes Radelsee zur beliebten Ausflugsgaststätte. Gut wanderbare weitgehend naturbelassene Wanderwege. Für Radwanderer nicht geeignet.

Streckenlänge: 16 km

Gastronomie: Restaurant Forsthaus Schnatermann, Restaurant Utspann Markgrafenheide

Auch bei dieser Wanderroute ist die Brücke über den **Moorgraben** in Markgrafenheide ↗ unser Startpunkt.

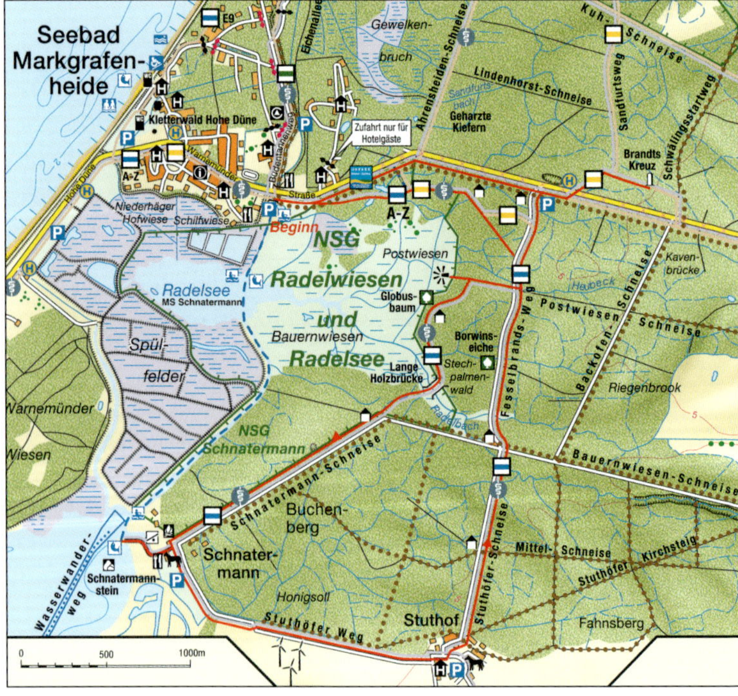

Tipp:
Die nachfolgend beschriebene Wegeführung lässt sich in ihrem Erlebniswert besonders erhöhen, indem man den Hin- oder Rückweg mit einer Fahrt auf der MS „Schnatermann“ verbindet. Das Fahrgastschiff verkehrt im Sommerhalbjahr unmittelbar neben der Moorgrabenbrücke regelmäßig zum Schnatermann und weiter nach Warnemünde. Die Schifffahrtsroute führt durch die malerische Landschaft des benachbarten Naturschutzgebietes „Radelsee“.

Auf dem Landwege folgen wir zunächst dem straßenbegleitenden Rad- und Wanderweg, der um den Parkplatz neben der Brücke herum führt. Immer an der Schilfkante des **Naturschutzgebietes „Radelsee“** entlang, zweigt der Weg einige hundert Meter hinter dem Ortsausgang nach rechts ab. Hier verlassen wir den asphaltierten Radweg auf den unbefestigten Fußweg und folgen dem blauen Balkensymbol. Nach einigen Minuten mündet der Fußweg in den **Fesselbrandts-Weg**, dem wir ein kurzes Stück nach rechts folgen. Eine schöne alte Douglasienallee weist uns bald darauf den Weg nach rechts in die **Postwiesenschneise**, deren Namen uns schon auf die schöne Wiesenlandschaft am Ende dieser Schneise hinweist. Hier lohnt sich der Blick vom **Aussichtsturm** über das Schilfmeer des Naturschutzgebietes „Radelsee“. Von dort gehen wir nun wieder wenige Meter in den Wald zurück, bis zur bald sichtbaren Wegekreuzung. Hier biegen wir nach rechts in den weiterführenden Fußweg ein und folgen weiter dem blauen Balkensymbol. Am Wege begegnen uns alsbald reizvolle Naturbilder, wie in unmittelbarer Nähe der Schutzhütte am Wege stehend, der so genannte **„Neue Globusbaum“**, eine etwa 100 Jahre alte Eiche mit kugelrundem Krebsgeschwür in der

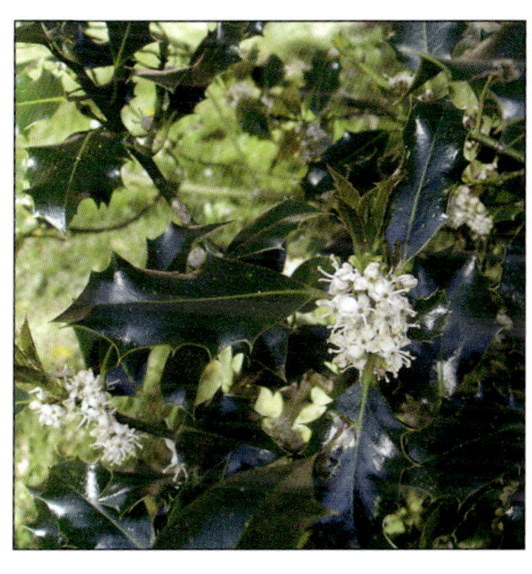

Zweig einer Stechpalme

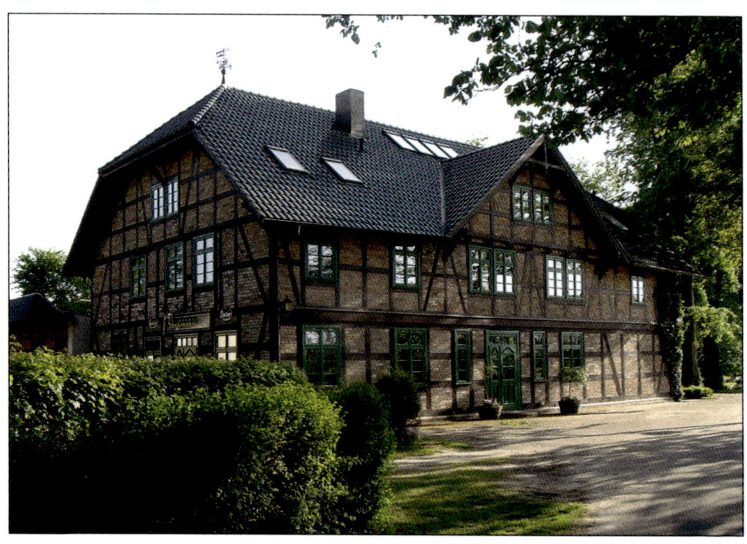

Das ehemalige Forsthaus Schnatermann ist heute beliebtes Ausflugsrestaurant

Stamm-Mitte. Eine mehrere Jahrhunderte alte Eiche mit einer sehr ähnlichen „globusartigen“ Krebsverdickung stand bis etwa 1950 im Revier Hinrichshagen und war einst beliebtes Wanderziel. Wegen seiner Ähnlichkeit im Erscheinungsbild bekam nun der hier am Wegesrand stehende Baum diesen in der Erinnerung gebliebenen Namen übertragen. Einige Schritte weiter beginnt der **„Stechpalmenwald“**, eine malerische Ansammlung sehr schöner strauchartiger Exemplare des Hülsenstrauches, der im Volksmund auch als Stechpalme bezeichnet wird. Nach alter Volksüberlieferung besteht unter Stechpalmen und Misteln Kussfreiheit, was besonderes Glück in der Ehe zur Folge haben soll. Unmittelbar hinter diesem Flächennaturdenkmal gelangen wir wieder an den Rand der Schilfwiesen. Hier nimmt eine lange Holzbrücke ihren Anfang und leitet uns mitten über die Schilffläche. Am gegenüberliegenden Waldrand führt der folgende Wegabschnitt durch einen besonders schönen Buchen-Altbestand. An dessen Ende gelangen wir an die Wegekreuzung Bauernwiesen-Schneise/Schnatermann-Schneise. Nach rechts führt uns der Weg nun über etwa einen Kilometer schnurgerade zum **Schnatermann** ↗.

Schnatermann

Der Erholungswert des Waldes macht eine der drei Hauptfunktionen der Heide aus.

Auch hier muss der Name des verdienstvollen Forstinspektors Becker genannt werden, der, seiner Zeit weit voraus, die Rostocker schon 1794 aufrief sich einen Erholungsplatz in ihrer Heide zu schaffen: „...*Ein anderer mehr durch die Natur begünstigter Ort ist der sogenannte Schnatermann an einer Ecke der Rostocker Heide. Es ist zu bewundern, dass dieser Ort nicht schon lange die Aufmerksamkeit der Rostocker auf sich gezogen hat; ...an dem Ort selbst ist zwar nur ein Haus, das der Holzwärter bewohnt, dieses ist aber vor zwei Jahren ganz neu aufgebauet und enthält einige geräumige Zimmer. Vor dem Hause ist ein kleiner Brink, an dem der Breitling stößt; grade gegen dem Hause über liegt Warnemünde. Die Aussicht nach Warnemünde und der ganzen Gegend um der Warnow, ist mahlerisch schön... Hinter dem Hause ist unmittelbar das Holz, welches aus jungem Dickicht allerley Art bestehet, und der eben so gut zu schönen Promenaden wie der Buchenberg zu Doberan eingerichtet werden kann. Ich überlasse es Andern eine mahlerische Beschreibung dieses Ortes zu entwerfen, das aber kann ich bezeugen, dass ich in Mecklenburg, welches ich ziemlich durchreiset bin, wenige Oerter gefunden habe, die so viele Vorzüge der schönen Natur besitzen als dieser. Wäre ich ein Städter, so würde ich keinen Ort lieber zum Brunnentrinken wählen...*"

So nahm vor mehr als zweihundert Jahren ein bis heute traditionelles Erholungs- und Ausflugsziel am Rande der Rostocker Heide seinen Anfang, dessen Namens-Ursprünge bis in die sagenhafte Vorzeit zurückgehen. In slawischer Zeit bedeutete das Wort„Snat" so viel wie Grenze. Grenzort zwischen der Hansestadt und dem „Moltke-Winkel" war es auch bis zum Beginn des 20. Jahrhunderts. Der Volksmund entwickelte als Erklärung die Sage vom Schiffbrüchigen, der vor Kälte nur noch schnatternd, von einem Stein im Breitling in der Nähe gerettet wurde.

Hinter dem Restaurant lohnt sich auch ein kurzer Abstecher zum unweit gelegenen **Breitlingufer**. Nach ausgiebiger Pause am traditionellen Ausflugsziel der Rostocker nehmen wir den Rückweg

Borwinseiche

Um 1870 erhielt eine mächtige Eiche diesen Namen zu Ehren von Fürst Borwin III., der den Hansestädtern am 25. März 1252 ihre ab dann so genannte „Rostocker Heide" verkaufte.

Rostock gehörte seither, bis heute zu den fünf größten städtischen Waldbesitzern in Deutschland. Die Kaufurkunde ist das älteste im Stadtbesitz befindliche Rechtsdokument, in dem auch eine Kopie der nicht mehr existierenden Stadtrechtserklärung enthalten ist. Die alte Eiche stand als Symbol für den Rostocker Waldbesitz und war häufig aufgesuchtes Wanderziel. Angesichts der oft hier stattfindenden feuchtfröhlichen Gesellschaften hieß sie im Volksmund auch „Bramwienseik" (Branntweinseiche). Ab etwa 1940 starb die Eiche ab und stürzte gut zehn Jahre später um. Nach der Wiederrückführung der Rostocker Heide an die Hansestadt im Jahre 1992 wurde neben den vermodernden Resten der alten Eiche die „Neue Borwinseiche" gepflanzt.

entweder, wie anfangs erwähnt, per Schiff zurück oder in Richtung **Stuthof** auf der wenig befahrenen Nebenstraße immer den Waldrand entlang. Unmittelbar am Ortseingang des kleinen Örtchens Stuthof zweigt nach links durch die Gartenanlage der Weg zur Stuthöfer-Schneise in den Wald hinein.

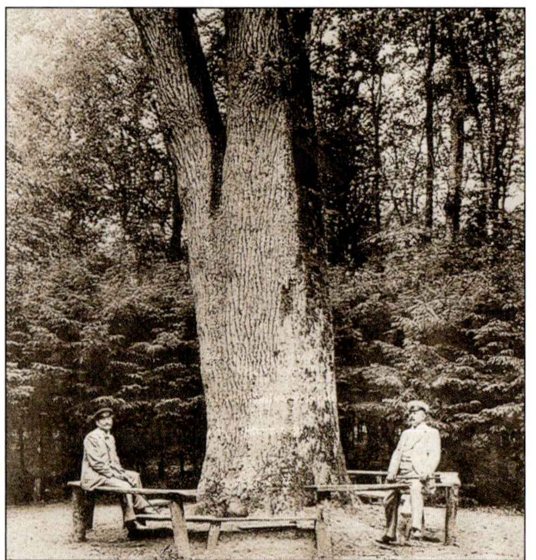

Die Borwinseiche um 1890

Nach rund einem Kilometer überqueren wir die **Bauernwiesen-Schneise** und setzen den Weg auf dem **Fesselbrands-Weg** fort. Ein Hinweisschild am Wegesrand führt uns auf einen Abstecher zur **Borwinseiche** ↗.

Die Sage vom Jäger Brandt

Einst wohnte ein Jäger Brandt in Markgrafenheide. In jener Zeit trieb hier ein wilder Keiler sein Unwesen und verwüstete die Äcker der umliegenden Bauern. Da der Jäger seiner nicht Herr werden konnte, versuchte er es mit einem Freischuss. Beim heiligen Abendmahl behielt er die Oblate im Mund und lud kurz darauf mit ihr den unfehlbaren Schuss in die Flinte. Mit dem Spruch „Heute Nachmittag soll dich oder mich der Teufel holen!" zog er gegen den Keiler und fand ihn an bekanntem Orte, wo er sogleich schoss. Jedoch kam es hernach noch zum wilden Kampf mit dem todwunden Wildschwein. Schließlich fanden beide auf dem Platz im Walde ihr Ende.

Schließlich endet die Schneise am Parkplatz. Hier stoßen wir auf den Ostseeradfernweg und biegen auf ihm nach rechts ab, um zunächst einen Abstecher zum **Brandts-Kreuz** zu machen. Dazu wenden wir uns auf dem Radweg rund 70 m nach links und überqueren links die Straße. Nach weiteren 200 m weist uns ein Hinweisschild rechts abbiegend den Weg zum noch einmal 200 m entfernten **Holzkreuz**. Nach dem Abstecher zum Kreuz kehren wir auf den nach Warnemünde führenden straßenbegleitenden Radweg zurück und erreichen über ihn nach etwa 1,5 km wieder unseren Ausgangspunkt in **Markgrafenheide** ↗.

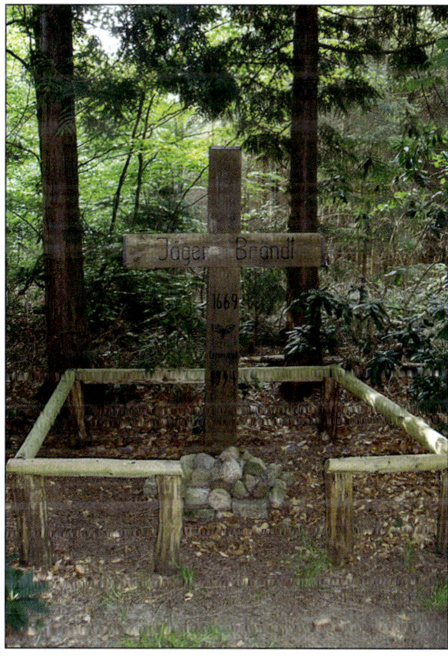

Jäger Brandts Kreuz

4. Route: Besuch beim Forst- und Köhlerhof

Beginn: Rövershagen

Wegeverlauf: Rövershagen – Köhlerhof – Hinrichshagen – Rosenort – Torfbrücke – Wiethagen – Rövershagen

Charakter: Ausgedehnte Waldtour, die sich auch mit einer Bahnfahrt zwischen Graal-Müritz und Rövershagen kombinieren lässt.

Streckenlänge: 27,5 km

Gastronomie: Schinkenkrug Hinrichshagen, Imbiss auf dem Köhlerhof

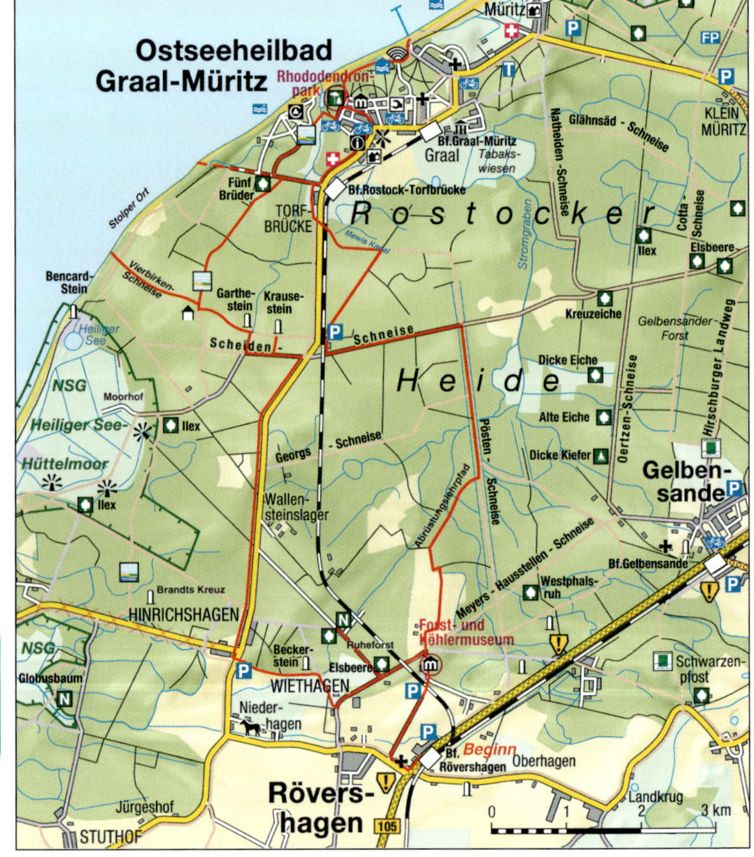

Der Bahnhof des Dörfchens **Rövershagen** ↗ an der Bundesstraße 105 ist unser Startpunkt. Bevor unser Weg sich dem Wald zuwendet, machen wir noch eine kurze Stippvisite zur sehenswerten mittelalterlichen **Dorfkirche** des Ortes.

Unmittelbar neben der Kirche zweigt die Bäderstraße nach Graal-Müritz ↗ ab. Ihr folgen wir ein kurzes Stück. Neben dem Feuerwehrgebäude weist ein Holzschild den Weg zum **Museum „Forst- und Köhlerhof Wiethagen“** ↗. Diesem Hinweis folgen wir nun nach rechts.

Nachdem wir am Dorfrande schließlich die Bahnstrecke der Bäderbahn nach Graal-Müritz überquert haben, ist der Besuch dieses Museums ein Muss.

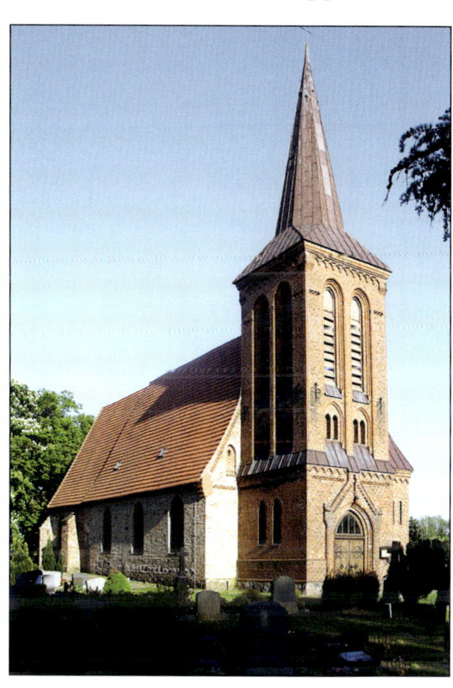

Die evangelische Kirche Rövershagen

Der Forst- und Köhlerhof Wiethagen

Am 27. November 1837 wurde zwischen dem Forstdepartement der Stadt Rostock und dem Teerschweeler Johann Schütt ein Kontrakt zum Aufbau einer Teerschweelerei abgeschlossen. In dieser Zeit befanden sich schon Teerschweelereien im östlichen, fürstlichen Teil der Heide.

Die beiden bald darauf erbauten Teeröfen waren über 120 Jahre im Betrieb. Ab 1984 begann die Sanierung der vollständig erhaltenen Anlage für seine nun folgende museale Nutzung. Vorrangig wurden hier Holzkohle und Holzteer produziert, die insbesondere im Schiffbau der Region gebraucht wurden. Als funktionsfähiges, technisches Denkmal ist die Anlage heute die einzig authentische Teerschweelanlage in Deutschland. Das Museum der Anlage bietet aber inhaltlich noch viel mehr. So dokumentieren Abteilungen der Museumsausstellung auch die Forstgeschichte der Nordöstlichen Heide Mecklenburg sowie die militärische Nutzung großer Teile dieser Waldlandschaft in der DDR-Zeit. Für Kinder und Erwachsene ist die Märchenroute mit ihren geschnitzten lebensgroßen Märchen- und Legendenfiguren ein besonderes Erlebnis.

Das Museumsgelände wieder verlassend, wenden wir uns einige Schritte nach rechts, um bald darauf in die **Meiershausstellen-Schneise** nach links gewandt den Weg fortzusetzen. Nach einem kurzen Stück Weges erblicken wir am linken Wegrand das schön restaurierte **Forsthaus Wiethagen**. Heute beherbergt

Rövershagen

1305 erstmals erwähnt, gehört Rövershagen zu den ältesten Heidedörfern. Wahrscheinlich ist das Dorf aus den in jener Zeit erwähnten Dörfern Rövershagen, Wasmodeshagen und Porikeshagen zusammengewachsen. Über Jahrhunderte war das Dorf bedeutender Rostocker Stadtbesitz und damit auch der kommunale wie forstliche Verwaltungssitz der Rostocker Heide. Erst im 20. Jahrhundert scheidet das Dorf aus dem Rostocker Stadtgebiet aus und wird selbständige Gemeinde. Mit der Dorfgründung ist eine plattdeutsche Sage verknüpft:

„Karl Suhr, ein Willershäger Bauer wird hier bei seiner Rückkehr vom Rostocker Markt von einem Räuber mit vorgehaltener Schusswaffe angehalten. Der Räuber forderte „Geld oder Leben“. Der Bauer erwidert, dass ihm doch wohl eher am Geld gelegen sei, das er ihm gern freiwillig gäbe, wenn der Räuber ihm ein Loch in den Rock schießt, das er als Rechtfertigung Zuhause seiner Frau zeigen kann. Der Räuber tut ihm den Gefallen. Der Bauer bittet darauf noch um ein Loch in den Hut. Doch der Räuber hat seine einzige Kugel verschossen, woraufhin der Bauer ihn mit dem Knüppel vertreibt. Fortan heißt das hier entstandene Dorf Räubershagen, plattdeutsch Rövershagen.

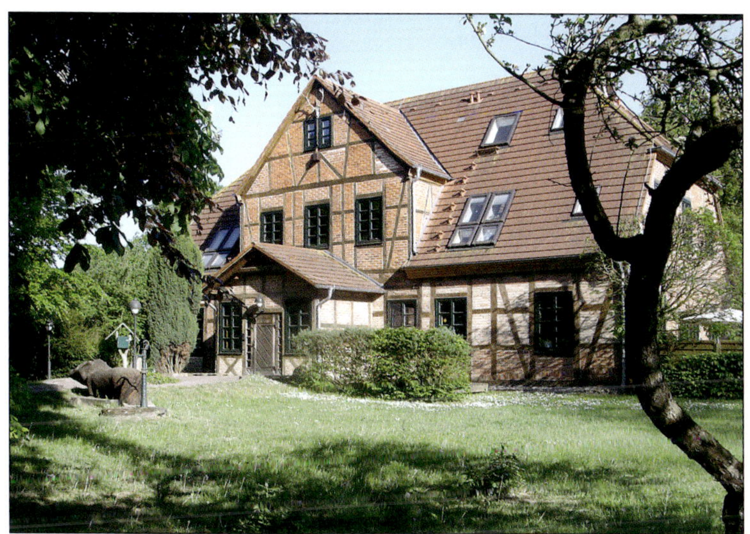

Das Forsthaus Wiethagen

das malerische Gebäude die städtische Forstverwaltung Rostocks. Gegenüber dem Forstgebäude mündet die Wiethäger Schneise ein. Ein Hinweisschild weist uns auf den nur wenige Schritte entfernten **Ruheforst** ↗ hin. Ein Abstecher an diesen Ort der letzten Ruhe ist empfehlenswert.

Ruheforst Wiethagen

In einem Ruheforst erfolgt die Beisetzung auf sogenannten Ruhebiotopen. Das sind für Urnenbeisetzungen bestimmte Flächen mit einem charakteristischen Naturmerkmal, wie zum Beispiel einem markanten Baum oder Strauch, einem malerischen Baumstubben mit Verjüngung oder einem Findling. Um dieses Merkmal können bis zu 10 Grabstätten für Urnen angeordnet werden. Die geeigneten Ruhebiotope werden im Zuge der Einrichtung des Ruheforstes festgelegt. Sie weisen eine Größe von jeweils ca. 100 m² (im Schnitt ca. 10 x 10 m) auf und werden in einem Register erfasst.

Unser eigentlicher Weg führt uns jedoch dem blauen Balkensymbol folgend auf der **Meiershausstellen-Schneise** weiter.

Nun langen wir bald im Ortskern des Dörfchens **Wiethagen** an. Das gepflegte Fachwerkhaus linkerhand am Ortsanfang

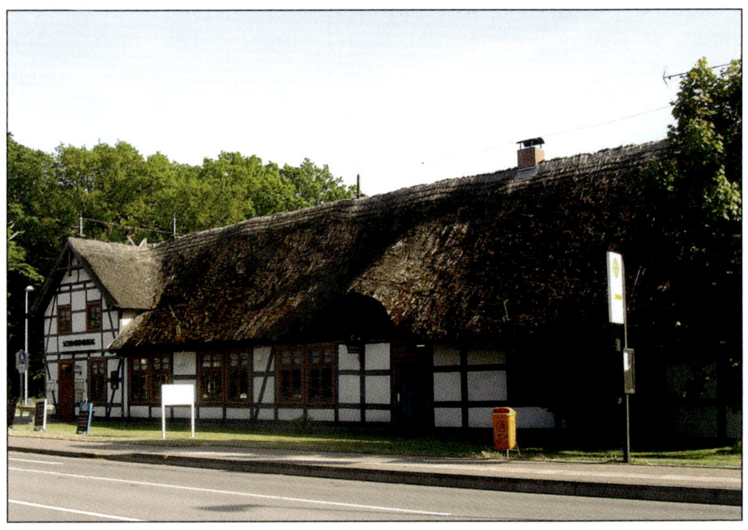

Die alte Försterei Hinrichshagen ist heute ein Restaurant

Hinrichshagen

Hinrichshagen ist wohl das jüngste Dorf unter den Heideortschaften. Im Jahre 1731 findet sich der Name erstmals in Rostocker Urkunden. In jener Zeit saß hier der Baumwärter Wendelborn und beaufsichtigte an einem Schlagbaum den über die Rostocker Grenze kommenden Verkehr. Der Sage nach entstand der Ortsname, da seine ersten vier Ansiedler den Vornamen Hinrich trugen. Im Jahre 1887 wurde eine späterhin legendäre Gestalt der Heide hier Baumwärter, der Vater Strömann. Seinen Ruf erwarb sich der Förster durch seinen vielfachen furchtlosen Einsatz gegen Wilddiebe, oftmals unter Lebensgefahr. Er durfte erstmals in der Försterei „Boomhus" im Nebenerwerb eine Schankwirtschaft betreiben. In dem hier eingerichteten Biergarten erzählte er seinen Besuchern fesselnd seine Wald- und Jagderlebnisse.

Selbst Theodor Fontane, Wilhelm Busch, Heinrich Seidel und Johannes Trojan gehörten zu seinen Zuhörern.

war einst der Witwenkaten für Försterwitwen. Hinter der nächsten Biegung erreichen wir den heute als Revierförsterei genutzten **Forstfuhrmannskaten**. Hier zeigt uns ein Wegweiser im spitzen Winkel den Weg zum **Becker-Stein** ↗ und nach **Hinrichshagen** ↗

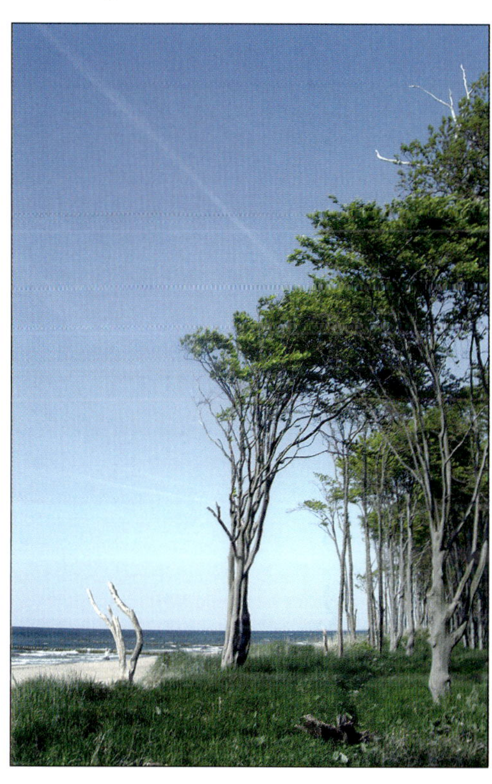

Buchenwald an der Heideküste – gut zu erkennen – die Windschur

Den historischen Dorfkern von Hinrichshagen durchqueren wir nun parallel der Bäderstraße in Richtung Graal-Müritz, vorbei an einer Reihe schön sanierter Waldarbeiterhäuser. Unmittelbar vor dem Ortsausgang auf der linken Seite lohnt sich noch der Blick auf dem Mitte des 19. Jahrhunderts erbauten **Forsthof**.

Das Dorf verlassend folgen wir nun über gut 2 km dem straßenbegleitenden Radweg. Passieren etwa auf der halben Strecke die links im Wald liegenden Gebäude der **Erich-Weinert-Siedlung**.

Die vor rund vierzig Jahren entstandenen Wohnblöcke waren einst Offiziers-Dienstwohnungen der hier in DDR-Zeiten stationierten Raketentruppen.

Hinter der nächsten starken Biegung erreichen wir bald den rechts unmittelbar neben der Straße liegenden Parkplatz an der **Scheiden-Schneise**. Wir queren hier aber die Straße nicht, sondern biegen nach links in die asphaltierte Scheiden-Schneise in

Richtung Küste ein. Die nächste von hier rechts abzweigende Schneise bietet die Möglichkeit für einen Abstecher zum Krause-Stein ↗. An der großen Wegekreuzung, wenige hundert Meter weiter, biegen wir nach rechts ab. Wir gehen etwas später links am **Garthe-Stein** ↗ vorbei und erreichen bald den gut ausgeschilderten Ostseeküstenradweg, auf den wir nach rechts einbiegen. Bald darauf erreichen wir eine Wegekreuzung an der eine **Schutzhütte** steht.

Tipp:
Hier ist eine gute Möglichkeit, auf der links abzweigenden **Vierbirken-Schneise** einen Abstecher zum ca. 500 Meter entfernten **Sandstrand** am Stolper-Ort zu machen.

Dem Hauptradweg weiter folgend, haben wir rund 2 km weiter bald darauf die **Wiedort-Schneise** erreicht.

Hier stehen wir am Scheideweg:

- man kann nach links abbiegend den direkten Weg an die **Küste**, zum „Gelben Ufer", einem besonders schönen Strandabschnitt, nehmen
- oder nur ein kurzes Stück links, dann den rechts zum **Rhododendron-Park** führenden Heuweg einschlagen.
- Dritte Möglichkeit ist, sich nach rechts zu wenden und über ein kurzes Wegstück an Torfbrücke vorbei, die Stromgrabenbrücke überquerend, unmittelbar ins **Ortszentrum** von **Graal-Müritz** ↗ hinein zu fahren.

Unser Rückweg führt uns schließlich aus Graal-Müritz wieder entlang der Bäderstraße hinaus. Wir durchqueren den Ortskern von Torfbrücke, um am Ortsausgang nach links den Weg über den Bahnübergang hinweg zu nehmen. An den malerischen Stromgrabenwiesen entlang gelangen wir, dem grünen Balkensymbol folgend, bald auf dem **Teerofenweg** an. Vorbei an einem kleinen Gewässer, vom Volksmund „Karl-Mewis-Gedächtniskanal", in Erinnerung an ein hier um 1960 im wahrsten Sinne des Wortes in den Sand gesetztes Kanalprojekt, dessen Rudiment nun zu einem lauschigen Platz geworden ist. Nach einigen hundert Metern biegt vom Teerofen*weg* nach rechts die **Teerofen*schneise***

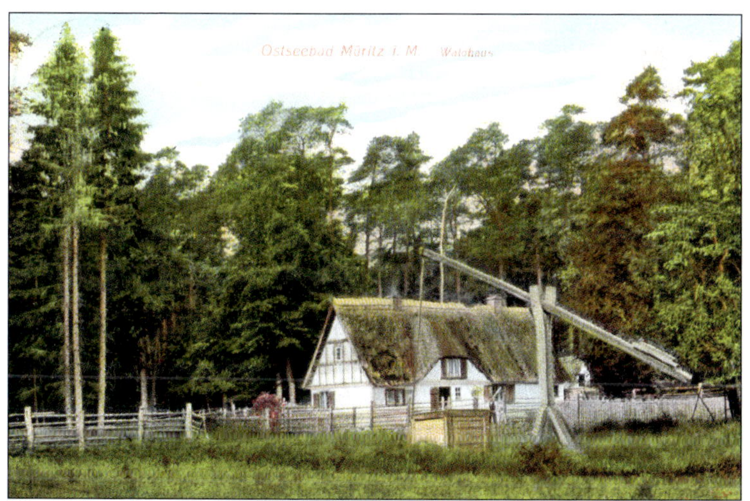

Das Waldhaus um 1900

ab. Dieser Wegeführung folgen wir nun weiter dem grünen Balkensymbol. Die Schneise endet schließlich unmittelbar vor der Bahnstrecke und wir umrunden das Grundstück des hier mitten im Wald gelegenen Blockhauses, so dass wir schließlich wieder die **Scheiden-Schneise** erreichen, deren Verlauf wir nach links weiter folgen. Nach ca. 1,5 km gelangen wir an die große Wegekreuzung mit einer einladenden **Schutzhütte** „Beim Waldhaus". Der Ort trägt seinen Namen in Erinnerung an eine bis 1936 hier stehende Wanderherberge der Sozialdemokratischen Arbeiterjugend, welche die Nazis schließlich zerstörten.

Hier verlassen wir die asphaltierte Schneise nach rechts in die **Pöstenschneise**. Nach weiteren 2 km fahren wir an der links abzweigenden Lange-Horst-Schneise vorbei, um unmittelbar darauf nach rechts in die Rodomsheiden-Schneise abzubiegen. Bald passieren wir den in ein malerisches kleines Tal eingeschnittenen **Feuerstellenbach**.

Kurz darauf gelangen wir schließlich am Nordende des einstigen Schießplatzes (heute renaturiert und aufgeforstet) an, um über den Informationsweg zur früheren militärischen Nutzung der Heide schließlich wieder den **Köhlerhof** und von hier aus auf dem schon bekannten Wegeabschnitt unseren Ausgangspunkt zu erreichen.

5. Route: Wald und Meer einmal rund um Graal-Müritz

Beginn: Graal-Müritz, Seebrücke

Wegeverlauf: Graal-Müritz – Garthestein – Krausestein – Hirschburg – Klein Müritz – Graal-Müritz

Charakter: Die Route vereint die Schönheiten der drei das Ostseeheilbad umgebenden Landschaftsteile Meer, Wald und Moor, die sehenswerten Ausstellungszentren Paradiesgarten, Naturschatzkammer und Infozentrum „Wald und Moor“. Alle Wege sind leicht radelbar und ohne Schwierigkeitsgrade.

Streckenlänge: 23,5 km

Gastronomie: Imbiss im Paradiesgarten

Startpunkt für diese Route ist der Platz vor der **Seebrücke** im Ostseeheilbad Graal-Müritz ↗. Auf die Seebrücke schauend, wenden wir uns hier dem unmittelbar hinter der Düne verlaufenden **Ostseeküstenradweg** nach links zu. Vorbei an der Konzertmuschel und dem Rhododendronpark erreichen wir das auf der Düne liegende Café „Seeblick“.

Hier biegen wir ins Landesinnere ab, durchqueren den **Küstenwald** und erreichen den Parkplatz am Südende des Rhododendronparks. An der Rückseite des Parkplatzes führt der Ostseeküstenradweg in den Wald hinein. Wir queren den Wasserlauf des Stromgrabens über eine Brücke und folgen dem **Heuweg**

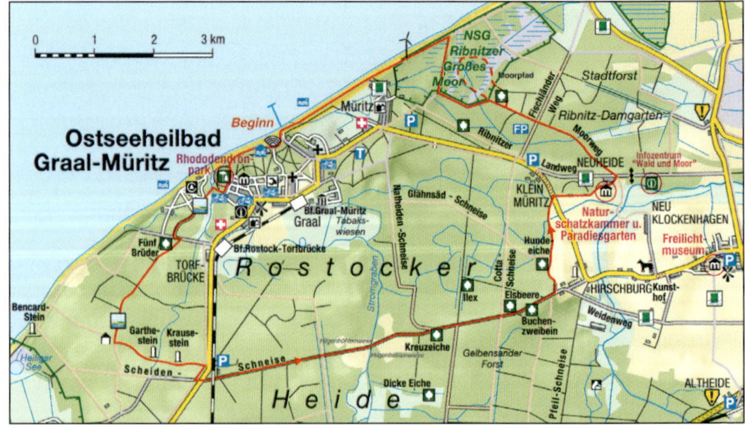

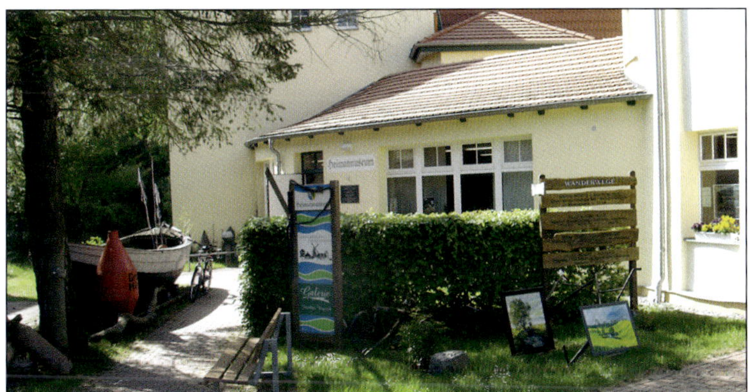

Das Heimatmuseum von Graal-Müritz

Graal – der Westen des Seeheilbades

„Willst du Sonne, See und Wald, Komm nach Graal, doch komme bald!" Mit diesem Werbeslogan warb bis 1938 das bis dahin selbstständige Ostseebad Graal am Nordrand der Rostocker Heide. Erst in genau jenem Jahr fand die Zwangsverreinigung mit dem Nachbarort zum heutigen Seeheilbad Graal-Müritz statt. Schon vor über 650 Jahren findet sich der Name Graal. 1352 wird es zum ersten Mal in der Geschichte erwähnt, als Ritter Johann von Plessen der Äbtissin des St. Claren Ordens in Ribnitz hier drei Hufen Heidefläche verkaufte. Oft stellen besonders Urlauber die Frage, ob denn diese Ortsbezeichnung etwas mit jener heiligen Schüssel zu tun habe, mit der Christus einst beim Abendmahl gespeist hatte und in der Joseph von Arimathia das Blut Christi aufgefangen haben soll? Der berühmte Volkskundler Dr. Wolfgang Golther beantwortete diese Frage vor rund 70 Jahren so: *„... Demgegenüber begegnet auf niederdeutschem, sächsischem Boden Gral in zweierlei Bedeutung: als Name und als Bezeichnung eines Festes. ...Im heutigen Ostseebad Graal täuscht das Gasthaus „Zum Lohengrin" einen Zusammenhang zum heiligen Gral vor. Aber diese Benennung ist jung und fremdartig. Die Bezeichnung kommt auf alt-wendischem Boden oft als Familien-, Orts- oder Flurname vor. ..es ist ein Personenname, der sich aus dem slawischen „Hral" = Großkopf erklären lässt. Der Ortsname ist von*

seinem ersten Bewohner abzuleiten." Und wirklich kommt dieser Familienname bis ins 20. Jahrhundert am Ort vor. Pastor Ludwig Dolberg überliefert uns 1885: *„Im Dorfe Grahl oder „up den Grahl", wie die Leute vielfach sagen, soll, mündlicher Tradition nach, einst nur eine Wind- und eine Wassermühle gewesen sein. Der Platz, wo jene gelegen, heißt noch jetzt „de Möhlenbarg". Die Sage läßt darin einen großen Schatz verborgen sein, von einem riesigen schwarzen Hunde gehütet. Stillschweigend nur zu mitternächtlicher Stunde kann er gehoben werden. Zwei Sucher stießen einst nach saurem Graben und Schaufeln auf einen großen Topf voll schimmernder Goldstücke. Schon griffen sie gierig danach, da erschien plötzlich bei ihnen der unheimliche Wächter. Unwillkürlich stieß einer der Männer einen leisen Schrei aus. Der Topf verschwand in der Tiefe auf Nimmerwiedersehen."* In den Erzählungen der Alt-Graaler wirkt immer noch der einstige, 1860 abgeschaffte Graaler-Zoll nach, liegt der Ort doch von jeher weit ab jeglicher Landesgrenzen. Dr. Wagner aus Ribnitz berichtet 1894 dazu: *„Am Graaler Meiereihof, dem größten Hof am Ort, vorbei führte früher die Straße vom Fischlande nach Rostock. Hier mußten also zu der Zeit, als noch die zahlreichen größeren Räuchereien auf dem Fischlande existierten außer dem sonstigen Verkehr die Fischwagen, welche die geräucherte Ware weit ins Binnenland vertrieben, passieren. Deshalb wurde dem Erbpächter die Erlaubnis erteilt, Krugwirtschaft zu betreiben. außerdem legte die Landesherrschaft auf alle passierenden Fuhrwerke einen Zoll, der von dem Erbpächter erhoben wurde und in seine Tasche floß. Wegen dieser Privilegien mußte er eine erhöhte Abgabe zahlen. Erst im Jahre 1860 fiel die am Hof des Erbpächters Klingenberg angebrachte Tafel mit der Aufschrift „Mecklenburgischer Zoll für Fisch und ausländische Waren".*

bis zu seiner Einmündung in die Wiedort-Schneise, der wir nach links nur wenige Meter folgen, um dann wiederum nach rechts abbiegend ein Stück weiter dem hier mit einem gelben Balkensymbol markierten Ostseeküstenradweg zu folgen. Nach gut 2 km an dem kleinen **Wetterschutzhäuschen** bei der Blocksbrücke/Einmündung Vierbirken-Schneise verlassen wir den

Hauptweg nach links, um dem **Garthe-Stein** ↗ an der malerisch gelegenen Reminschen-Wiese einen Besuch abzustatten. Von hier folgen wir dem mit einem grünen Balken gekennzeichneten eher unscheinbaren Weg zum Krause-Stein. Über rund hundert Meter ist es hier eher angebracht das Rad zu schieben. Auch der **Krause-Stein** ↗ hat an einem besonders malerischen, aber ebenso historischen Ort, an der Stelle des untergegangenen Dorfes Müggenburg, seinen Platz gefunden.

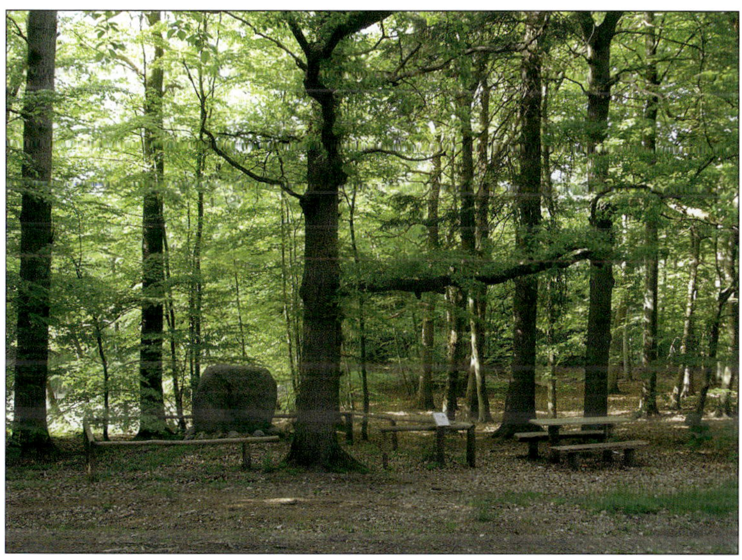

Der Krause-Stein an der Wüstung Müggenburg

Am Stein vorbei erreichen wir nach wenigen Schritten die Bäderstraße. Hier wenden wir uns auf dem straßenbegleitenden Radweg nach rechts, an der Bushaltestelle vorbei, um an der nächsten Wegekreuzung die Straße zu überqueren und über den Parkplatz hinweg nun der **Scheiden-Schneise** nach Osten zu folgen. Über eine lange Strecke, von ständig wechselnden malerischen Waldbildern flankiert, führt uns diese Wegetrasse durch das Herz der Heide. Mittendrin passieren wir die schöne Wiesenlandschaft der **Hilgenhöhlen-Wiese**. Der eigenartige Wiesenname erinnert der Überlieferung nach an einen unmittelbar vor der Reformationszeit hier lebenden Einsiedlermönch.

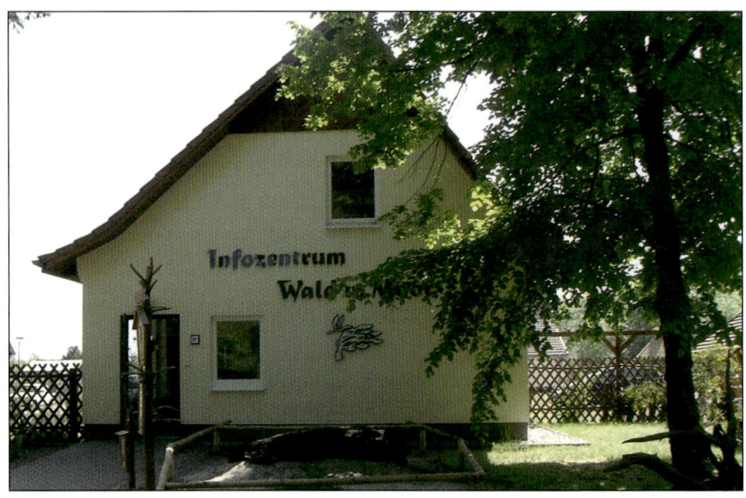

Das Informationszentrum „Wald und Moor“

Die Wiesen hinter uns lassend, grüßt uns schon bald am rechten Wegrand die mehrhundertjährige **Kreuzeiche**, die uns mit ihren ausgebreiteten Ästen scheinbar in die Arme nehmen will. In ihrer Nachbarschaft mündet an der linken Wegeseite die von Graal-Müritz kommende Börnungs-Schneise/Natheiden-Schneise ein. Wir folgen aber unserem Weg weiter geradeaus. Schließlich öffnet sich der Wald und wir haben den Ortsrand der einstigen Waldarbeitersiedlung **Hirschburg** erreicht. Auf dem ersten Grundstück, unmittelbar links an der Wegkreuzung, stand bis 1925 eine Teerschweelerei, sehr ähnlich der heute noch in Wiethagen vorhandenen Anlage. Vor diesem Grundstück biegen auch wir nach links ab und folgen dem immer am Waldrand entlang führenden Weg, links den Wald und rechts die offene Weidelandschaft. Schließlich queren wir wieder die Bäderstraße, um auf der anderen Seite den Weg am Waldesrand fortzusetzen. So gelangen wir schließlich nach Neu-Hirschburg. Hier lohnt sich ein längerer Aufenthalt, hat doch dieser Forst-Ort eine Menge zu bieten. So kürten etablierte große deutsche Reiseführer das privat geführte **Naturkundemuseum „Paradiesgarten“** in die Riege der besten Privatmuseen in Deutschland. Aber auch das im Sommerhalbjahr offen stehende **Informationszentrum „Wald und Moor“** sowie der „Naturpfad“ la-

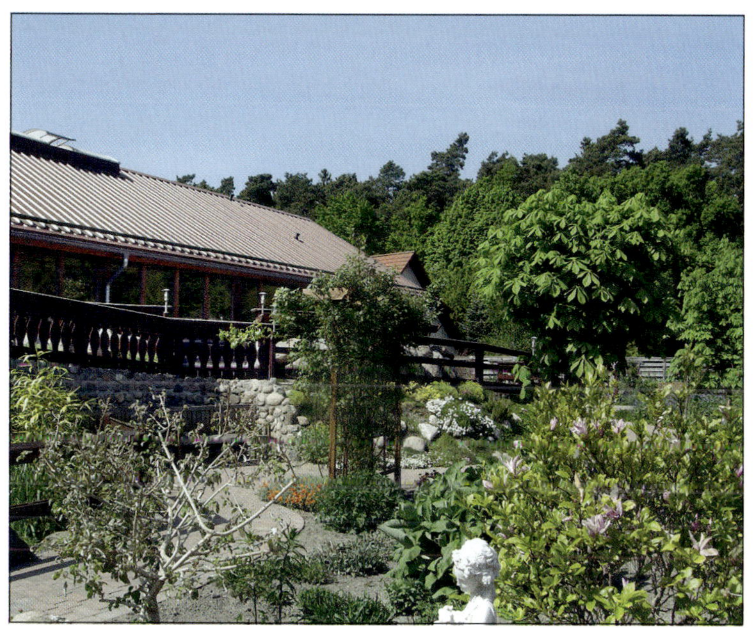

Im Naturkundemuseum „Paradiesgarten“

den zum längeren Verweilen ein. Gleich links neben dem Eingang zum „Naturpfad“ mündet der von der Küste kommende **Moorweg**, auf dem wir nun unseren Weg fortsetzen. Er ist in diesem Abschnitt mit einem gelben und roten Punkt gekennzeichnet. Unterwegs überqueren wir den viel begangenen Hauptwanderweg „Fischländer-Weg“. Bald darauf passieren wir die Wegeeinmündung des Speckingweges (hier endet der Rundwanderweg durch das „Große Moor“). Wir folgen dem gelben Punkt weiter geradeaus, bis wir nach rund zwei Kilometern schließlich am Rand des **„Großen Moores“** angelangt sind.

Unmittelbar am Rande des Moorschutzgebietes führt nun ein kleiner Rundwanderlehrpfad in das Moor hinein, der nur zu Fuß nutzbar ist. Wir wenden uns nach links dem gelben Punkt folgend, immer am Rande des Moores entlang, bis uns an der nächsten großen Wegekreuzung der Scheideweg nach rechts abzweigend (gelber Punkt) den Weg zum Strand durch einen Teil des Moores weist. Schließlich erreichen wir wieder den

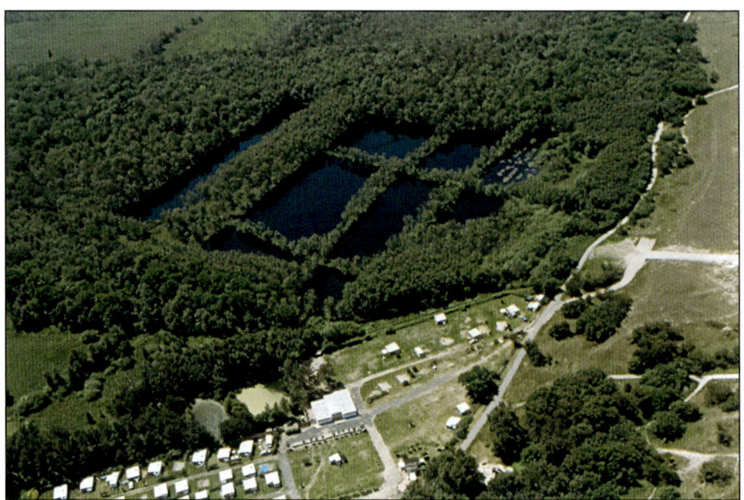

Torfstiche bei Neuhaus aus der Vogelperspektive

hinter der Düne verlaufenden **Ostseeküstenradweg,** der uns links nach rund 3 km zur **Seebrücke** von Graal-Müritz zurückführt.

Torfgewinnung im Großen Müritz-Ribnitzer Moor

Am Rande des Ribnitzer Kommunalwaldes erstreckt sich eines der umfangreichsten Hochmoore hinter den Küstendünen. Heute bedeutendes Naturschutzgebiet, hatte dieses Areal in der Vergangenheit für die Stadt Ribnitz auch eine wirtschaftliche Bedeutung. Die Verwendung von Kohle als Brennstoff war in vergangenen Jahrhunderten oft, nicht zuletzt wegen langer Transportwege, ein schier unerschwinglicher Luxus und an der mecklenburgischen Küste wenig verbreitet. Holz, als Baustoff besonders wertvoll, war ebenfalls teuer. So nutzte man frühzeitig Torf als einheimischen Rohstoff. In Akten der Ribnitzer Stadtkämmerei finden sich im Jahre 1652/53 erstmals Hinweise über die regelmäßige Gewinnung von Torf, aber auch über das als Diebstahl geahndete, heimliche, ungenehmigte Stechen von Torf durch die Küstenbewohner. Man siedelte am Rande der weitläufigen Moorlandschaft einen Torfwächter zur Oberaufsicht an. Bald wurde Torf auch zum begehrten Handelsgut. Im Jahre 1783 nahmen Rostocker Kaufleute allein eine halbe Million gestochener Torfsoden ab, der direkt vom hiesigen Strand verschifft wurde. Im 19. Jahrhundert parzellierte man das Große Moor in sogenannte Plane. Jeder Plan führte einen eigenen Namen. Neben dem Königs- und Bülten Plan finden sich auch so kuriose Bezeichnungen wie „Brasilien" und „Sibirien". Man unterschied verschiedene Torf-Arten. Auf die einfachste Art wurde der Stechtorf gewonnen. Am gebräuchlichsten war die Herstellung von Formtorf, bei dem die Torfmasse in einen flachen Kasten von fünf bis zehn Fächern geworfen, glatt gestrichen und später getrocknet wurde. Damit der Moorwärter seiner Aufsichtspflicht ohne Unterbrechung gerecht werden konnte, ließ die Stadt 1840 am Rande des Großen Moores das Moorwärterhaus errichten, sodass der tägliche Anmarschweg entfiel. Am Beginn des 20. Jahrhunderts bis in die Notzeiten der 1920er Jahre hinein hielten nun auch Maschinen Einzug. Kurzzeitig verlor dann die Torfgewinnung an Bedeutung, um während und nach den Notzeiten des Zweiten Weltkrieges wieder belebt zu werden. Heute liegen die alten Torfstiche verwaist. Die Moore stehen als Refugium seltener Pflanzen und Tiere unter Naturschutz.

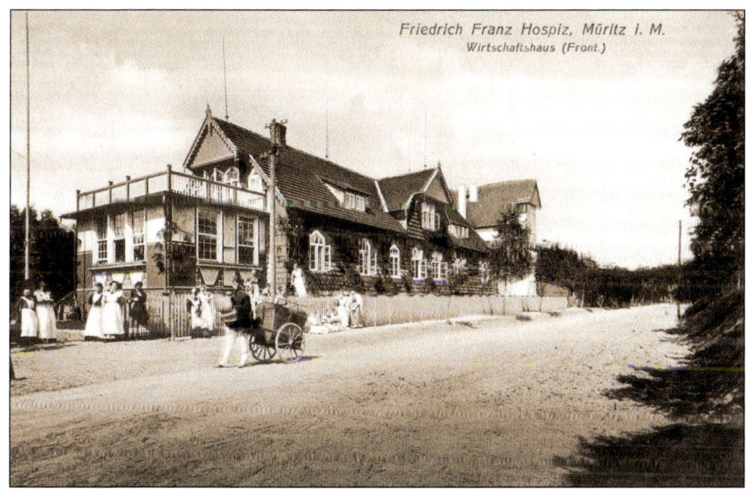

Das Friedrich Franz Hospiz in Müritz um 1890

Müritz

Im Jahre 1328 schenkte der mecklenburgische Fürst Heinrich der Löwe dem Nonnenkloster Ribnitz *„vier gut bemessene und mit Wald bestandene Hufen von dem Teil der Heide der gemeinhin Muryz genannt werde"*, damit die Nonnen dort einen Hof anlegten. Es wurde seitens des Klosters ein fester Sitz gegründet. Im Jahre 1811 musste die mecklenburgische Regierung den französischen Besatzern 110 Matrosen für Napoleons Kriegsflotte stellen. Der Landesfürst versprach seinen Landeskindern bei glücklicher Heimkehr freien Bauplatz und Baumaterial. 1818 schließlich löste Großherzog Friedrich Franz I. das Versprechen ein und ließ Büdnerbriefe für die nun übereigneten Bauernstellen ausstellen. Die bis heute so genannte „Lange Reihe", auch als „Matrosenhäuser" bezeichnet, entstand. Bald fanden sich erste Badegäste in der malerischen Idylle ein. Im Jahre 1879 wanderten zwei befreundete Geheimräte, der Hofarzt des mecklenburgischen Großherzogs Dr. Carl von Mettenheimer und Prof. Friedrich Wilhelm Benecke durch diese waldreichen Gefilde, auf der Suche nach einem Ort für eine in Deutschland völlig neuartige Gesundheitseinrichtung, eine See-Erholungsstätte für erkrankte Kinder aus unbemittelten Verhältnissen. Im darauf folgenden Jahr nahm diese dann ihren Anfang.

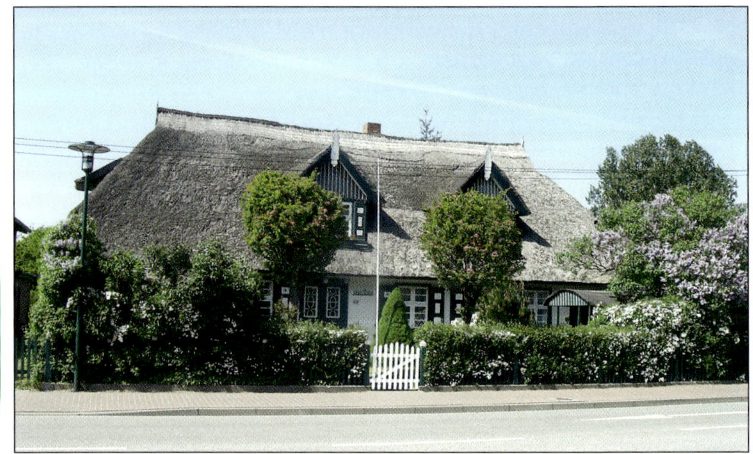

Eines der Matrosenhäuser in Müritz

6. Route: Rund um den Gelbensander Forst

Beginn: Gelbensande, Bahnhof

Wegeverlauf: Gelbensande – Müritzer Moor – Neuhaus – Klein Müritz – Gelbensande

Charakter: Auf dem Wege nach Dierhagen, dem Tor zum Fischland durch malerische Wald- und Wiesenlandschaften liegen das Jagdschloss Gelbensande und das Freilichtmuseum Klockenhagen. Gute Wege ohne besondere Schwierigkeitsgrade

Streckenlänge: 26 km

Gastronomie: vielfältige Gastronomie am Wege findet sich in Graal-Müritz und Neuhaus

Startpunkt dieser Tour ist die Straßenkreuzung an der Bundesstraße 105 unmittelbar neben dem Gelbensander **Bahnhof**.

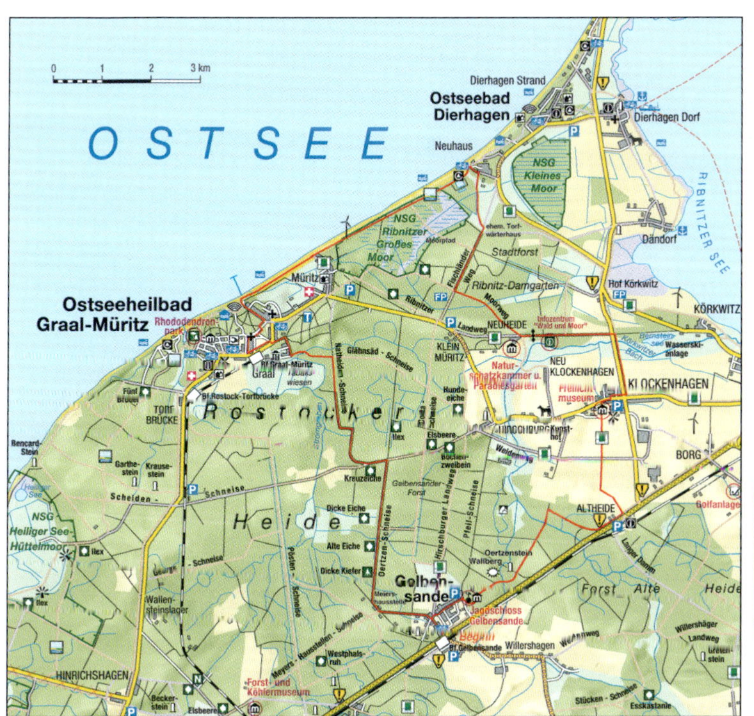

Übrigens, das heute eher unscheinbare, in gelben Backstein errichtete, Gebäude neben dem Bahnhofshauptgebäude entstand 1889 als Empfangsgebäude für hohe Staatsgäste, in einer Zeit als das Dörfchen Gelbensande noch fürstliche Residenz war. Das Ziegelgebäude neben dem Bahnübergang war kaiserliches Telegrafenamt, was in einem mecklenburgischen Dorf damals einzigartig war. Die malerische alte Dorfstraße führt uns nun nach Norden. Mehrere uralte Eichen säumen den Straßenrand. Nach einigen hundert Metern endet der Straßenverlauf an einem grünen Platz, der **Bleiche**. Noch zu Beginn des 20. Jahrhunderts legten die Hausfrauen hier die Wäsche zum Bleichen aus. Geradeaus schauen wir auf ein gutshausartiges Gebäude, den **Forsthof**. Zwischen den Weltkriegen zentrale Forstverwaltung der fürstlichen Waldungen in Mecklenburg, beherbergt das Gebäude heute eine Pflegeeinrichtung. Einst wurde hier Geschichte geschrieben, stand doch bis 1877 an dieser Stelle das erste, barocke Fürstenschloss von Gelbensande. Vor diesem Grundstück stehend führt uns der Weg nach rechts und dann gleich wieder rechts in den Schlossweg hinein. An dessen Ende erreichen wir den Waldrand. Hier lohnt sich ein etwas längerer Aufenthalt, um dem unweit stehenden alten **Fürstenschloss** ↗ einen Besuch abzustatten. Nach dem Besuch des Baudenkmals verlassen wir den Park durch das schöne eiserne Parktor, um uns dann nach links zu wenden. Hier auf dem alten Gelbensander Landweg, auch Danziger Botenweg genannt, passieren wir bald ein in jüngerer Zeit entstandenes Forstgebäude, umgeben von einer einst bewirtschaf-

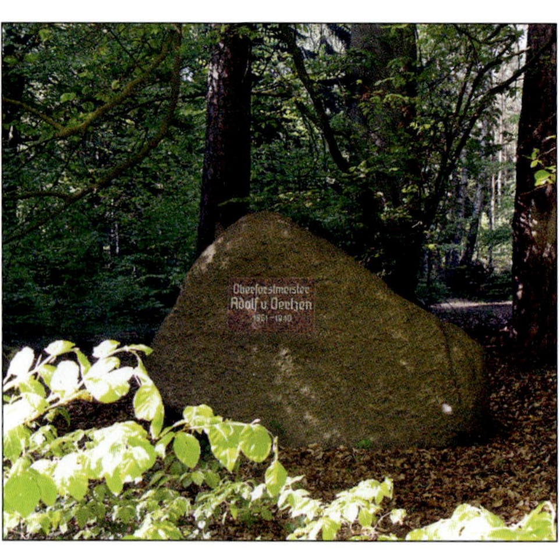

Der Gedenkstein für Oberförster Adolf von Oertzen

teten **Rhododendron-Zucht-Anlage**, die während der Blütezeit im Frühling einen prachtvollen Anblick bietet. Bald darauf gelangen wir an ein im Unterholz verstecktes bemerkenswertes Bodendenkmal, den **Wallberg** oder Störtebeker-Berg ↗. Rechts daran vorbei überqueren wir kurz darauf den Wallbach und folgen dem alten Landweg, bis wir an der linken Seite den **Gedenkstein für Adolf von Oertzen** ↗ erreicht haben. Unmittelbar hinter dem Stein führt uns der Weg links ein kleines Stück die **Roggenrücken-Schneise** entlang, bevor wir dann gleich darauf rechts in die Haubach-Schneise einbiegen. Nach rund 1,5 km überqueren wir den malerisch dahin fließenden Haubach, übrigens hier auch ein guter Punkt, um die häufig den Bachlauf entlang fliegenden Eisvögel zu beobachten. Wenige hundert Meter weiter zweigt nach rechts der hier namenlose Hauptweg ab. Leider weist uns auch keine Beschilderung den Weg. Nur die sichtbar höhere Wegenutzungsfrequenz (das weiter geradeaus führende Wegestück ist nun stark begrünt und endet bald darauf am Waldrand) weist uns diesen Weg. Durch malerische alte Buchenbestände hindurch langen wir schließlich an der Bundesstraße 105 nur wenige Meter vor dem Ortseingang des Dörfchens Altheide an. Auf der gegenüberliegen-

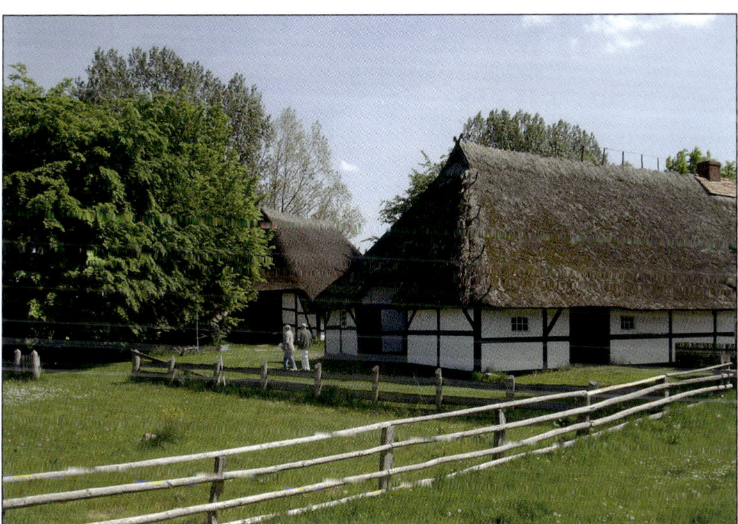

Das Freilichtmuseum in Klockenhagen

Klockenhagen

Klockenhagen ist eines der in Mecklenburg typischen Waldrodungsdörfer („-hagen“ = Waldrodungsdorf), dessen Entstehung auf das Ende der deutschen Ostexpansion zurückgeht. Die Dorfstruktur der im Mittelalter nach gezielter Rodung des Waldes durch eingewanderte deutsche Siedler angelegten Bauernhöfe von jeweils einer Hufe Größe ist noch heute zu erkennen. Die erste Erwähnung des Dorfes geht auf das Jahr 1332 zurück. Einer der ursprünglich erhaltenen Bauernhöfe wurde ab 1973 zu einem sehr ausgedehnten Freilichtmuseum erweitert. Mit derzeit 17 Beispielen ländlichen Bauens, deren Gebäude aus ganz Mecklenburg hierher umgesetzt wurden, ist es das größte Museum zu ländlicher Architektur in Mecklenburg-Vorpommern.

den Straßenseite beginnt bald ein befestigter Betonpflasterweg, dem wir nun folgen. Vorbei am rechts abzweigenden Bahnhofsweg überqueren wir an der Einmündung der Straße „Langer Damm“ die Bundesstraße auf den gegenüber liegenden Feldweg, der den Namen „Altheider Weg“ trägt. Ihm folgen wir nun zwei Kilometer, bis wir schließlich in dem Dorf Klockenhagen direkt an dem wunderschönen **Freilichtmuseum** angelangt sind. Hier lohnt sich ein ausgiebiger Besuch.

Gleich neben dem Museum gelangen wir an die alte Dorfstraße an der wir uns nach links wenden und bis zu einer großen Ampelkreuzung fahren. Hier haben wir die Bäderstraße erreicht, die sich nach Norden über die Halbinsel Fischland-Darß-Zingst erstreckt. Ihr folgen wir einige hundert Meter auf dem straßenbegleitenden Radweg, bis wir schließlich die über den Körkwitzer Bach führende Brücke überquert haben. Hinter der Brücke zeigen uns eine Reihe Wegweiser die nach links abbiegende Route zum **Naturkundemuseum „Paradiesgarten“** bzw. nach Neuheide, dem wir folgen. Auch an diesem Naturkundemuseum und dem benachbarten **Informationszentrum „Wald und Moor“** lohnt sich ein ausgiebiger Aufenthalt. In der Ausstellung und auf dem benachbarten kleinen Naturpfad gibt es ausgiebige Information zum Waldbesitz der Stadt Ribnitz-Damgarten und dem benachbarten **Großen Müritz-Ribnitzer**

Moor ↗. Gegenüber dem Informationszentrum geht der **Neue Moorweg** ab, der mit einem grünen Punktsymbol gekennzeichnet ist, auf ihm erreichen wir bald den Fischländer-Weg. Dieser Weg ist die Hauptwanderverbindung zwischen der Heideregion und der Halbinsel Fischland-Darß-Zingst. Und dahin folgen wir ihm nun auch nach rechts abbiegend. Am Ende des Waldes treffen wir schließlich auf das einsam gelegene einstige **Torfwärterhaus**. Daran vorbei führt alsbald ein schmaler aber schöner Pfad links vom Hauptweg weg über die idyllische Wiesenlandschaft, bis wir den Ortsteil **Neuhaus** des Ostseebades Dierhagen erreichen. Der Weg mündet schließlich in die Hauptstraße des Ortes, wo wir uns nach links dem Strand zuwenden, immer am Rande des Campingplatzes entlang erreichen wir schließlich den hinter der Düne verlaufenden Ostseeküstenradweg in Richtung Graal-Müritz. Über eine Strecke von rund 5 km können wir ihm nun folgen und hier das reizvolle Zusammenspiel von Wald, Moor und Meer genießen. Im Ostseeheilbad angekommen, dient uns die Seebrücke als Orientierung. Hier verlassen wir den Ostseeküstenradweg und fahren auf der Straße zur Seebrücke landeinwärts.

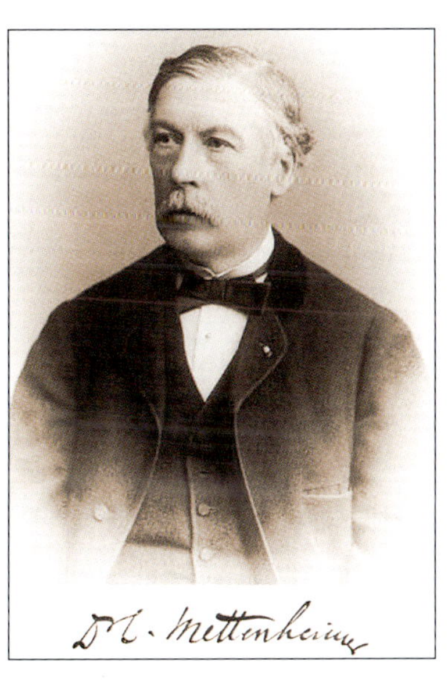
Der Arzt Dr. Carl von Mettenheimer

Kurz vor deren Einmündung in die Ribnitzer Straße erinnert uns an der linken Straßenseite eine wunderschöne Schaufassade (Alte Segelschiffe mit geblähten Segeln unter der Sonne) an den **Erfinder des Strandkorbes**, Korbmachermeister Wilhelm **Bartelmann**, der hier am Ende des 19. Jahrhunderts eine Filiale seiner Korbmacherei unterhielt.

Unweit davon beginnt die **Birkenallee**, die uns schließlich zum einstigen Bahnhof des Ortes führt. Davor stehend wenden wir

Dr. Carl von Mettenheimer und das Friedrich Franz Hospiz in Müritz

Am 3. April des Jahres 1881 fand die erste Jahresversammlung des damaligen Berliner Heilstättenvereins unter der Leitung von Prof. Beneke und in Anwesenheit des Geheimrates Dr. Carl von Mettenheimer statt. Benecke hielt auf jener Tagung einen Vortrag über die Notwendigkeit der Gründung von Heilstätten an den deutschen Seeküsten, besonders der Nordsee, und legte damit den Grundstein für das gesamte Seehospizwesen in Deutschland.

Mettenheimer, der ein Jahr zuvor bereits die Grundlagen für eine solche Einrichtung in Müritz an der mecklenburgischen Ostseeküste gelegt hatte und einige andere Ärzte veranlassten eine Erweiterung des Vereins und Änderung des Namens in „Verein zur Gründung von Heilstätten an den deutschen Seeküsten“. Der Schweriner Hofarzt gründete auch ein Lokal- und Bezirkskomitee und wusste weite Kreise des Landes für das neue Unternehmen zu interessieren. Das „Friedrich Franz Hospiz“ hatte als Vorreiter einen schweren Beginn. Im Gründungsjahr 1880 wurden die ersten vier Kinder zur Durchführung der Kur noch im gerade neu erbauten Hotel „Anastasia“ untergebracht. Der mecklenburgische Großherzog erwies sich jedoch als großer Förderer der Einrichtung, schenkte ein ausgedehntes Grundstück und ermöglichte in den kommenden 25 Jahren den Bau ausgedehnter Heilanstalten (bis 1908 acht Häuser, eine Werkstatt, Ställe und Nebengebäude).

Erst 1886 vollzog man die Eröffnung einer vergleichbaren Einrichtung an der Nordsee in Norderney, diese genoss jedoch die besondere Protektion Kaiser Wilhelms und rückte somit mehr in das Licht der Öffentlichkeit.

uns nach links in den Graaler-Landweg hinein, der uns nun wieder in den Heidewald führt. In trockenen Sommern ist dieser Landweg oft sehr sandig, so dass es sich dann empfiehlt, einen von mehren schräg nach rechts am Beginn des Landweges abzweigenden Fußwege zu benutzen, die schließlich ebenso wie der Hauptweg in die Natheiden-Schneise einmünden. Dem **Landweg** folgend, tun wir dies an der nächsten großen Waldschneise, die **Natheiden-Schneise** hinein nach rechts. Diesem Weg folgen wir nun über eine lange Distanz, vorbei an schönen abwechslungsreichen Waldbildern, vorbei auch am ausgeschilderten Abzweig der Glänsäd-Schneise, die ihren Namen nach dem legendären Wilddieb „Glände" („Der Glühende") trägt, der hier einst sein Unwesen trieb. Als Börnungs-Schneise mündet sie schließlich in die **Schlemmin-Schneise**, der wir nach links folgen. Hier begrüßt uns die Jahrhunderte alte **Kreuzeiche** am Wegesrand. Die nächste große Wegkreuzung ist durch eine besonders schöne alte **Kiefer** am Kreuzungsrand gekennzeichnet. Hier zweigt, ebenfalls asphaltiert, nach Süden eine Schneise ab, die drei verschiedene gebräuchliche Namen trägt (Oertzen-Schneise, Große Schneise, Dankelmann Schneise). In langer gerader Linie durchzieht sie das Herz der Heide, bis sie schließlich unmittelbar vor dem malerischen alten einstigen Forsthaus **Meiershausstelle** endet. Der kuriose Name dieses Forstgebäudes rührt von seinem ersten Bewohner vor rund 200 Jahren, dem Holzwärter Meier her. Der hier Aufsicht genau an der Grenze zwischen Fürstlicher Waldung und Rostocker Stadtwald führte. Ein Hinweisschild weist uns den asphaltierten Weg zurück nach Gelbensande. Ein hier am Wegrand aufgestellter Gedenkstein erinnert an eine in jüngerer Zeit an diesem Ort begangene Mordtat und lässt uns einige Minuten innehalten. Schließlich erreichen wir wieder unseren Ausgangspunkt in Gelbensande.

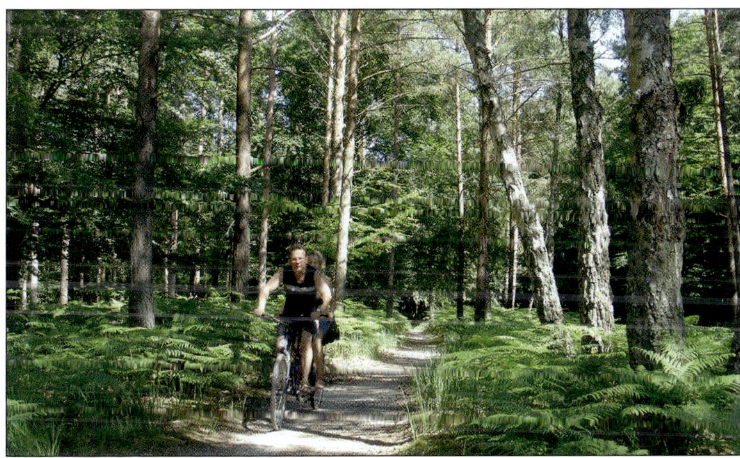

Windgeschützt die Küste entlang

7. Route: Von Gelbensande rund um den Willerhäger Forst

Beginn: Gelbensande, Parkplatz

Wegeverlauf: Gelbensande – Altheide – Rostocker-Wulfshagen – Willershagen – Gelbensande

Charakter: Die etwas hügelige Alte Heide wird von Einheimischen oft als der zwar unerschlossenste, aber landschaftlich schönste Teil der Heide bezeichnet, an dessen Südzipfel das romantische Heidedorf Rostocker-Wulfshagen lockt. Streckenabschnitt zwischen Rostocker-Wulfshagen und Willershagen durch Steigungen etwas schwieriger. Alle Wege sind gut radelbar.

Streckenlänge: 24 km

Gastronomie: Heidekrug Altheide

Diese Route führt uns in den südöstlichen Teil der „Nordöstliche Heide Mecklenburgs" und Kenner meinen, dass hier der landschaftlich schönste Teil dieses Landstriches zu finden ist. Start für diesen Rundweg ist der Parkplatz in der Nachbarschaft des Gelbensander Schlosses ↗.

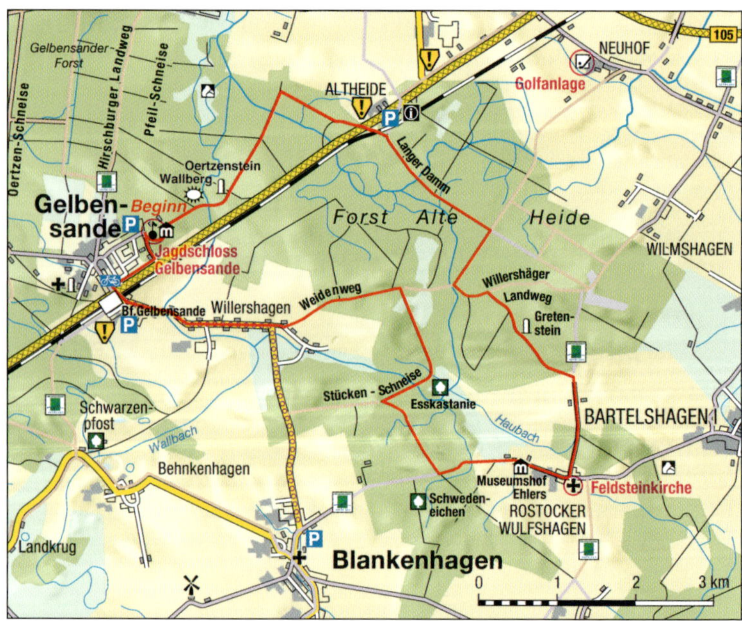

Zunächst nehmen wir den Weg durch den **Schlosspark**. Ein ausgiebiger Halt zur Besichtigung des Schlossgebäudes, seiner kleinen Parkanlage und des am Rande gelegenen Wehrmachtsfriedhofes sollte eingeplant werden. Nach dem Besuch des Baudenkmales verlassen wir den Park durch das schöne eiserne Parktor, um uns dann nach links zu wenden.

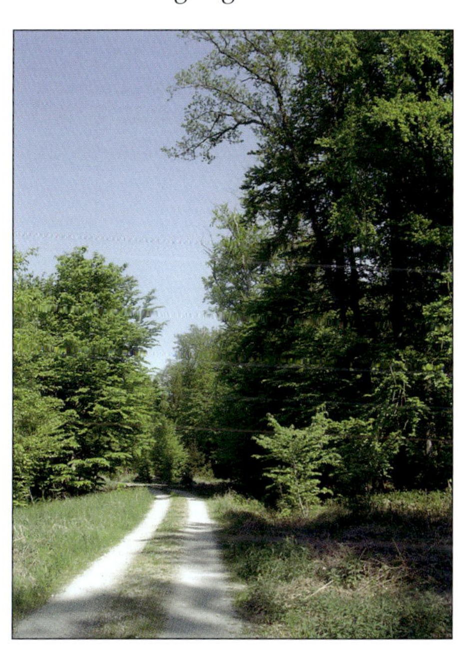

Abschnitt des Danziger Botenweges bei Gelbensande

Dem vor uns liegenden unscheinbaren Waldweg sieht man heute nicht mehr an, dass er bis 1842 ein Abschnitt des alten Ostsee-Fernhandelsweges zwischen dem flandrischen Brügge und dem russischen Nowgorod gewesen ist. In vergangenen Zeiten trug er den Namen Hanseatenweg oder **Danziger-Botenweg**, von dem es in dieser Region eine Nord- und eine Südtrasse gab. Ob Wallensteins Truppen auf seinem Kriegszuge zur Belagerung von

Der Danziger Bote in Mecklenburg

Die mecklenburgische Küste entlang bestanden schon seit uralter Zeit eigene Botenanlagen mit postähnlicher Organisation auf den historischen Handelswegen. Ihr Ursprung reicht in die erste Zeit der Hanse zurück. Rostock lag fast in der Mitte dieser alten Routen. Brügge und Antwerpen im Westen, Danzig und Riga im Osten. Neben der Verbindung zur See bestanden bereits frühzeitig unter den Hansestädten gut entwickelte Landverbindungen, die

Botenzüge der Hanse. Schon im 14. Jahrhundert waren Hamburg, Lübeck, Stettin und Danzig durch Botenzüge verbunden, deren Weg über die mecklenburgischen Hansestädte Wismar und Rostock verlief. Beide Städte bildeten Stationen im Hansebotenkurs. Im 15. Jahrhundert wurden von der Stadt Danzig Läufer zur Beförderung von Briefen und Paketen unterhalten. Einer derselben lief über Mecklenburg nach Lübeck, Hamburg und Brügge und hieß „Danziger Bote", eine Bezeichnung, welche sich in Mecklenburg bis in das 18. Jahrhundert erhalten hat. Die Poststraße von Hamburg über Lübeck, Wismar, Rostock und Demmin nach Stettin wurde um diese Zeit noch vielfach als Danziger Postfahrt bezeichnet. Der Läufer legte seine Reise reitend oder im Wagen zurück. Zu seiner Beglaubigung führte er eine Bestallung bei sich, zu seiner persönlichen Sicherheit auch wohl einen Freibrief der Landesherrn, deren Gebiet er durchzog. Er trug die Briefschaften in einem Felleisen verwahrt. Beim Verlust von Sachen hatte der Bote Ersatz zu leisten. Der Niedergang der Hanse machte dem Danziger Botenkurs noch kein Ende; aber auf dem Wege von Hamburg nach Stettin verkehrten, nachdem am Ende des 16. Jahrhunderts eine Neuorganisation des Botenbetriebes vorgenommen worden war, nur noch Hamburger Boten, die jedoch in Mecklenburg auch fernerhin als „Danziger Boten" bezeichnet wurden. Die Boten hatten, wie aus einer Eingabe der zur Danziger Reise bestellten Boten an den Rat in Hamburg am 1. Juni 1667 ersichtlich, *„die auf Danzig gerichteten Schreiben, denen auch öfters Wechselbrieffe, Contractus und andere hoch importirende Schriften wie auch kostbare Juvëlen angefügt waren, zu überbringen, dannenhero wegen gewißer und richtiger Bestellung allsolcher Brieffe und, was den Boten sonst anvertrauet und mitgegeben wurde, sie eine hohe cautionem leisten müssen, damit der Kauffmann auf den Fall veruhrsachter Verwahrlosung sich ihres Schadens bey ihnen erholen könne."* Durch die Heide führte der Botenweg einst über zwei Wegetrassen, deren bedeutendere von Volkenshagen über Behnkenhagen, Willershagen, Wilmshagen nach Ribnitz führte. Erst mit dem Bau der neuen Chaussee-Trasse, in den Jahren 1840-42, die der heutigen Bundesstraße 105 entspricht, verlor sich in der Heide die Trasse dieses jahrhundertealten europäischen Handelsweges.

Stralsund oder Ulrich von Hutten auf seinem Weg von Greifswald nach Rostock, auf dieser Wegetrasse wurde einst Geschichte gemacht, bis der Weg mit dem Chausseebau auf der Trasse der heutigen B 105 in der Vergessenheit versank.

Hier nun, auf der Nordtrasse des Botenweges fahrend, passieren wir bald ein in jüngerer Zeit entstandenes Forstgebäude, umgeben von einer einst bewirtschafteten Rhododendron-Zuchtanlage die während der Blütezeit im Frühling einen prachtvollen Anblick bietet.

Bald darauf gelangen wir an ein im Unterholz verstecktes bemerkenswertes Bodendenkmal, den **Wallberg** oder Störtebeker-Berg ↗. Rechts daran vorbei überqueren wir kurz darauf den Wallbach.

Im Frühjahr breitet sich hier auf großen Flächen der Bärlauch aus, dessen knoblauchartiger Geruch dann die Waldfläche überzieht.

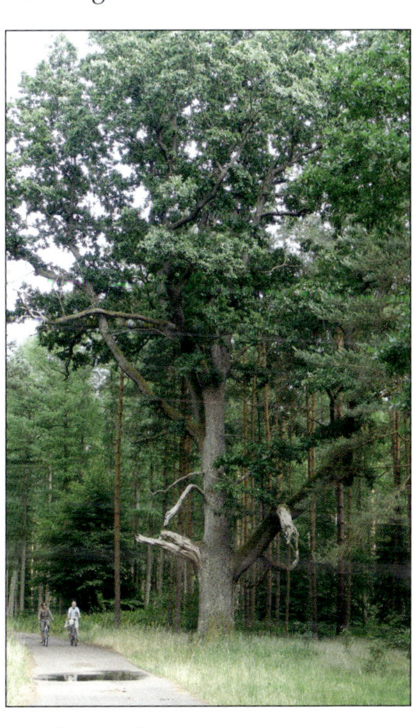

Was ist ein Wald ohne schöne, alte Bäume

Der historischen Wegetrasse weiter folgend, stoßen wir am linken Wegesrand unter mehreren alten Kiefern auf den **Gedenkstein** für den verdienstvollen Forstmann Adolf von **Oertzen** ↗. Unmittelbar hinter dem Stein führt uns der Weg links ein kleines Stück die Roggenrücken-Schneise entlang, bevor wir dann gleich darauf rechts in die **Haubach-Schneise** einbiegen. Nach rund 1,5 km überqueren wir den malerisch dahin fließenden Haubach, übrigens hier auch ein guter Punkt, um die häufig den Bachlauf entlang fliegenden Eisvögel zu beobachten. Wenige hundert Meter weiter zweigt nach rechts, in den hier namen-

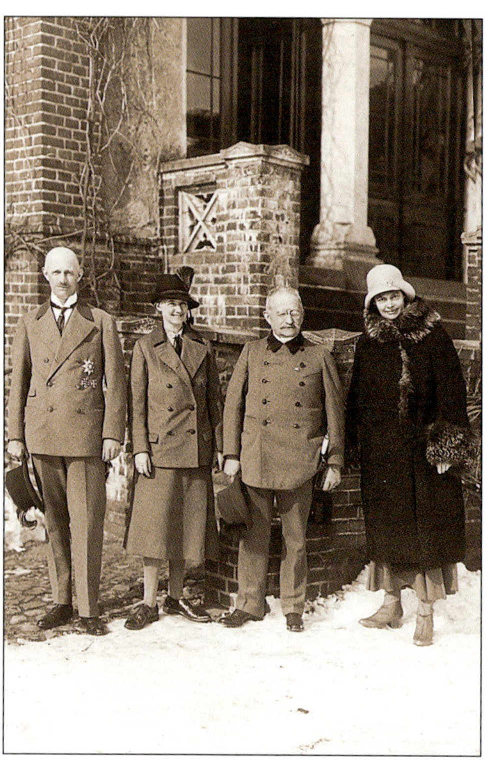

Forstmeister Adolf von Oertzen, daneben links das Großherzogspaar und rechts Kronprinzessin Cecilie

losen **Hauptweg,** ab. Leider weist uns auch keine Beschilderung den Weg. Nur die sichtbar höhere Wegenutzungsfrequenz (das weiter geradeaus führende Wegestück ist nun stark begrünt und endet bald darauf am Waldrand) weist uns diesen Weg. Durch malerische alte Buchenbestände hindurch langen wir schließlich an der B 105 an, nur wenige Meter vor dem Ortseingang des Dörfchens **Altheide**. Auf der gegenüberliegenden Straßenseite beginnt bald ein befestigter Betonpflasterweg. In den Ort hinein, biegen wir kurz darauf rechts in den **Bahnhofsweg** ein, der uns über einen Bahnübergang hinweg bald darauf in den malerischen Südostteil der Heidelandschaft führt. Im Wald angekommen macht der Hauptweg, der **Lange Damm,** einen scharfen Knick nach links. Nun führt uns der Weg über rund 2 km geradeaus. Schließlich erreichen wir eine große **Wegekreuzung**. Ein Hinweis nach links weist in Richtung Ribnitz-Damgarten und Neuhof. Wir biegen jedoch nach rechts in die entgegen gesetzte Richtung ab. Bald darauf haben wir das Ende dieses Weges erreicht und stoßen hier auf den **Willershäger Landweg**. Benachbart quert der Haubach die alte historische Wegetrasse, eingerahmt von einer Reihe idyllischer Waldwiesen.

Adolf von Oertzen (1861-1940 Forstinspektor/ Oberforstmeister)
Von Oertzen besuchte das Gymnasium in Anklam; Forstlehre in der Rostocker Heide; Studium in Eberswalde und Rostock; 1890 Verwaltung eines Forstreviers bei Ludwigslust; übernimmt 1893 die Leitung der Forstinspektion Gelbensande, der er 43 Jahre lang vorsteht. 1918 übernimmt er von Gelbensande aus die Verwaltung sämtlicher Privatforsten des ehemaligen Großherzogs von Mecklenburg. Adolf von Oertzen zählt zu den wichtigsten Forstwissenschaftlern Mecklenburgs. Im Spannungsfeld zwischen Wildbewirtschaftung und Waldgestaltung setzte er auf die naturnahe und nachhaltige Waldbewirtschaftung. Er entwickelte Bewirtschaftungsverfahren, wie z.B. das „Gelbensander Sanddeckverfahren“ die noch heute an den forstlichen Ausbildungsstätten in Tharandt/Sachsen und Eberswalde/ Brandenburg gelehrt werden. Beispielgebend war sein soziales Engagement für Waldarbeiter. Er führte als erster das „Jahresendprämiensystem“ ein und ließ, im Land Mecklenburg Maßstäbe setzend, komfortable Wohnhäuser für Waldarbeiter bauen.

Der heute eher unscheinbare Weg markiert einen Abschnitt der Südtrasse des einstigen Hanseatenweges, oft auch als Danziger Botenweg bezeichnet, der Mitte des 19. Jahrhunderts seine Bedeutung verlor und zum stillen, romantischen Waldweg wurde.
Wir wenden uns von der Wegeeinmündung nun nach links. Nach rund 500 m setzt sich die Route nach rechts in die **Grethenschneise** fort.

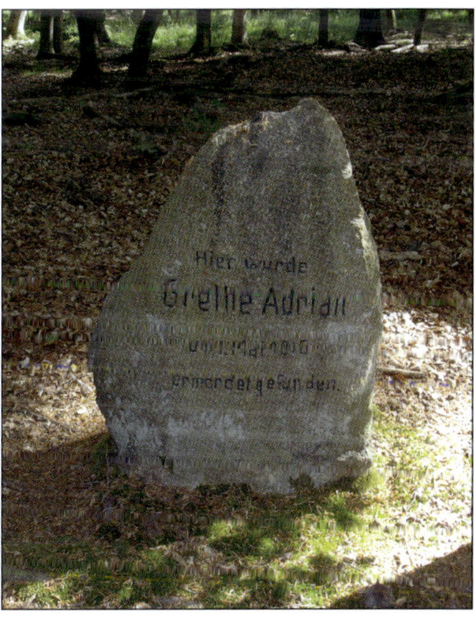

Der Grethenstein

Am Großen Kattenbusch vorbei findet der Wanderer nach ca. einem Kilometer linkerhand einen kleinen unscheinbaren Gedenkstein. Er hat der Schneise zu ihrem Namen verholfen. Eine Aufschrift weiß zu vermelden, dass an dortiger Stelle am 5. Mai 1826 ein Mädchen namens Grethe Adrian erschlagen aufgefunden wurde. Einige hundert Meter weiter mündet die Schneise in den Wulfshäger Landweg. Hier aus dem Wald heraus tretend erblickt man schon in der Ferne das malerische Heidedorf **Rostocker-Wulfshagen**. Gut 1 km weiter erreicht man das Zentrum des Dorfes.

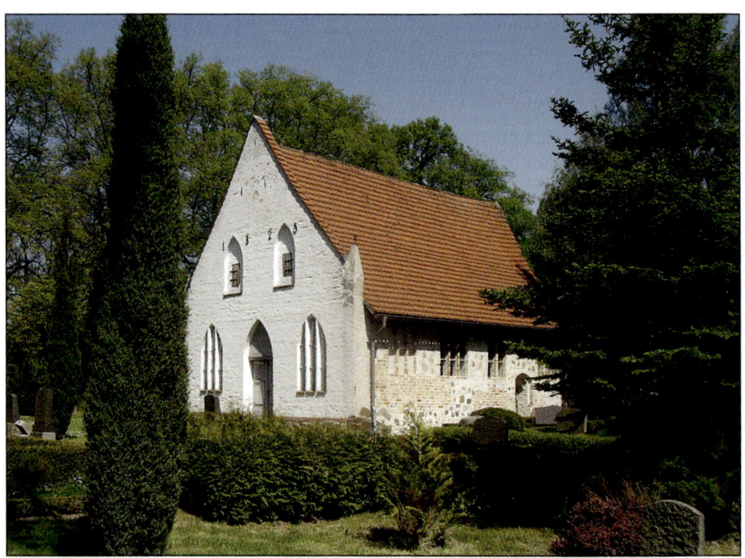

Die Kirche in Rostocker-Wulfshagen

An der Wegekreuzung vor dem Friedhof erleichtert ein übersichtlicher großer Wegweiser die Orientierung. Wir setzen unseren Weg hier in Richtung Blankenhagen fort. Nur ein kurzes Stück hinter dem Ortsrand erblickt man linkerhand einen vollständig erhaltenen **Dreiseithof**, wie er in seiner Ursprünglichkeit nur noch selten zu finden ist. Als einstige Jagdherberge für Mecklenburgs Herzöge und Wohnsitz des Ortsamtmannes im 19. Jahrhundert, weist der Hof eine interessante Geschichte auf. Er ist seit Generationen im Familienbesitz der heutigen Eigen-

Rostocker-Wulfshagen

Bereits im 13. Jahrhundert wird dieses Waldrodungsdorf erstmals erwähnt. Im Jahr 1379 wurde das Dorf mit allem Inventar an die Stadt Rostock verkauft, deren Besitz es bis in das 18. Jahrhundert hinein blieb. Im Dorfkern fällt zuerst die interessante Dorfkirche ins Auge. Sie stammt in ihren ältesten Teilen aus dem 15. Jahrhundert. Blickfang des Baues ist der zu Beginn des 19. Jahrhunderts errichtete Schaugiebel von Carl Theodor Severin. Der Baumeister Severin erlangte als Erbauer des klassizistischen Doberan/Heiligendamm besonderen Ruhm. Im Kircheninnern findet sich ein Votivschiff aus dem 19. Jahrhundert, einst Schenkung eines Bartelshäger Schiffers. Bemerkenswert sind auch die während des Dreißigjährigen Krieges durch Rostocker Ratsherren gestifteten Wappenscheiben. Die Kanzel ist im Barockstil gearbeitet. Neben der Kirche im freistehenden Glockenstuhl hängt eine Bronzeglocke von 1737, im Jahre 1959 wieder durch eine zweite Glocke aus Stahlguss ergänzt. In der Nachbarschaft prägt das liebevoll restaurierte Küsterhaus das Ortsbild.

tümer. Gern öffnen sie vorbeikommenden Besuchern ihr kleines sehenswertes privates **Museum**. Weiter auf dem Weg, vor dem Waldrand vorbei an einem gut erhaltenen Forstfuhrmannshaus, nimmt uns der Wald wieder auf. Bald queren wir einen malerischen Abschnitt des Haubachtales. Die erste Wegkreuzung nach dem Bach überqueren wir, um dann einige hundert Meter weiter an der zweiten Wegekreuzung rechts abzubiegen. Bald steigt hier der Weg zum höchsten Punkt der Heide an. Mit über 30 m Höhe sind die Kuppen der Hohen Warte gewissermaßen die Alpen dieser Heidelandschaft. Der Weg führt nun wieder abwärts. Nach einigen hundert Metern passieren wir rechter Hand die romantische **Schäferwiese**. Kurz darauf mündet der Weg in eine Hauptschneise ein, den „Damm". Hier an der Wegscheide wählen wir die Route nach rechts. Nach einer Biegung erreichen wir bald eine Flur, die den Namen **„Wendfeldsberg"** trägt, obgleich keine Erhebung zu sehen ist. Einst die bedeutendste Anhöhe, auf der sich der Sage nach eine Kirche befunden haben soll, findet man heute eine stillgelegte

Kiesgrube mit einer malerischen Wasserlandschaft. Etwa 20 m vor der Einfahrt in die Grube steht am Wegrand ein Exemplar des Maronenbaums (Casanea sativa) auch als Esskastanie bezeichnet. Am Wendfeldsberg vorbei trägt der Weg nun den Namen **Stücken-Schneise**. An dessen Ende erreichen wir erneut ein Teilstück des alten Willershäger Landweges, der historischen hanseatischen Handelsstraße. Hier setzen wir den Weg nach links fort und verlassen bald darauf den Schutz des Waldes. Über die nun sichtbare, weit geöffnete Ackerlandschaft hinweg, wird hier bereits das langgestreckte Dorf **Willershagen** ↗ in der Ferne sichtbar.

Willershagen

Die älteste bislang bekannte Erwähnung Willershagens stammt aus dem Jahre 1258, als es sich im Besitz der Hansestadt Rostock befand. Mit Beginn des 14. Jahrhunderts befindet es sich in Folge im Besitz der ritterschaftlichen Familien von Levetzow und von Moltke. In dieser Zeit entstand wahrscheinlich eine befestigte Burganlage. Nach wechselnden Besitzverhältnissen kehrt das Dorf 1782 wieder in den Besitz der Hansestadt zurück. Der Rostocker Forstinspektor Becker schreibt um 1825: *„Es befinden sich zu Willershagen, unfern dem Hofhause die Rudera (Ruinen) einer alten Burg, auf einem Hügel, Wallberg genannt. Auf Ansuchen des Pächters ward solcher planiert, der viereckte Turm war 25 Fuß (ca. 7 m) lang und breit gewesen, von Feldsteinen in Kalk gelegt gebaut, die Mauern 2½ Fuß (ca. 70 cm) dick. Man fand in demselben nichts als Asche und Steine."*

Der nordwestlich anschließende Hauptteil des Dorfes bestand bis in die erste Hälfte des 20. Jahrhunderts im wesentlichen aus fünf großen Bauernstellen und einem ausgedehnten Forsthof.

Wir durchqueren das Dorf auf der alten Dorfstraße über rund 2 km, bis wir am Ende den Bahnübergang von Gelbensande erreicht haben. Über Bundesbahn und Bundesstraße hinweg, führt nun der Weg vor der alten Dorfstraße von Gelbensande rechts die Bundesstraße entlang bis zur Einmündung des Sportplatzweges, der uns zum Ausgangspunkt der Route zurückführt.

8. Route: Zwischen Wendfeldsberg und Bernsteinsee durch die Alte Heide

Beginn: Ribnitz-Damgarten, Parkplatz am Klarissenkloster

Wegeverlauf: Ribnitz-Damgarten – Petersdorf – Rostocker-Wulfshagen –Blankenhagen – Behnkenhagen – Gelbensande – Hirschburg – Neuheide – Körkwitz – Ribnitz-Damgarten

Charakter: Die wichtigsten Ausflugsziele in der Osthälfte der Heide wie das Heidedorf Rostocker-Wulfshagen, das Jagdschloss Gelbensande, Paradiesgarten/Naturschatzkammer und Bernsteinsee, verknüpft mit unterschiedlichsten Wald- und Wiesenlandschaften. Die gesamte Route verläuft auf gut radelbaren naturbelassenen Wegen ohne größeren Schwierigkeitsgrad.

Streckenlänge: 37,5 km

Gastronomie: Restaurant am Bernsteinsee, Imbiss im Paradiesgarten

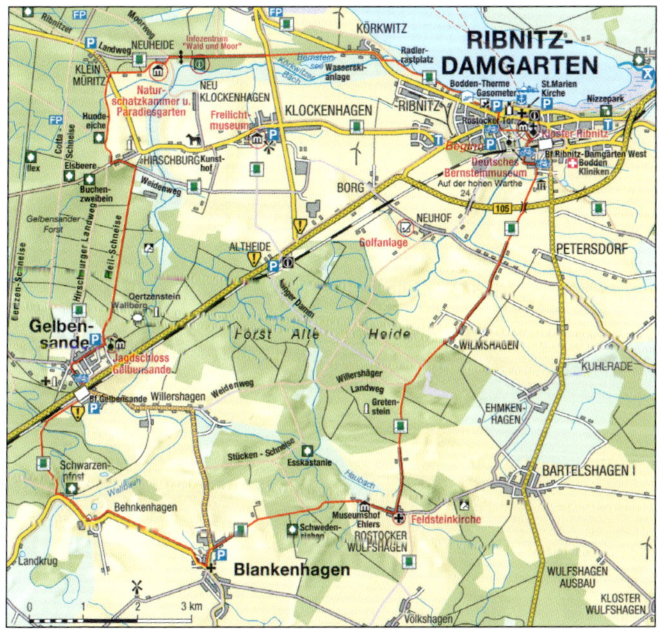

Der Ausgangspunkt dieser Route ist der kleine **Parkplatz** unterhalb der Klostermauern des einstigen **Klarissenklosters** in Ribnitz, dem westlichen Stadtteil der heutigen Doppelstadt Ribnitz-Damgarten. Wir wenden uns vom Parkplatz aus den unterhalb der Klostermauer entlang führenden Spazierweg, der in der Verlängerung den Namen „Am Bleicherberg" führt. Dabei unterqueren wir die Bahnstrecke. Am anderen Ende der Straße wird die Jugendherberge der Stadt sichtbar. Unmittelbar davor biegen wir nun in die **Margarethenstraße** ein, die wiederum in den alten Rostocker Landweg einmündet. Hier haben wir erneut ein Stück der alten hanseatischen Handelsstraße vor uns, dessen historische Wegeführung als gut ausgebauter Radwanderweg aus der Stadt hinausführt. Dieser Trasse folgen wir vorbei an malerischen Wiesen-, Acker- und Bachlandschaften über die lange Distanz von rund 4 km, passieren dabei kurz das Dörfchen **Petersdorf** und das verträumte Wilmshagen, um schließlich bei der alten Försterei **Wilmshagen** den Waldrand zu erreichen. Weiter, den geraden Weg in den Wald hinein, folgen wir noch immer der historischen Wegtrasse. Die Waldlandschaft am Wegesrand trägt die Namen „Landwegstannen" und „Brüdigams-Bäuken", bis wir nach etwa 1 km an dem von rechts

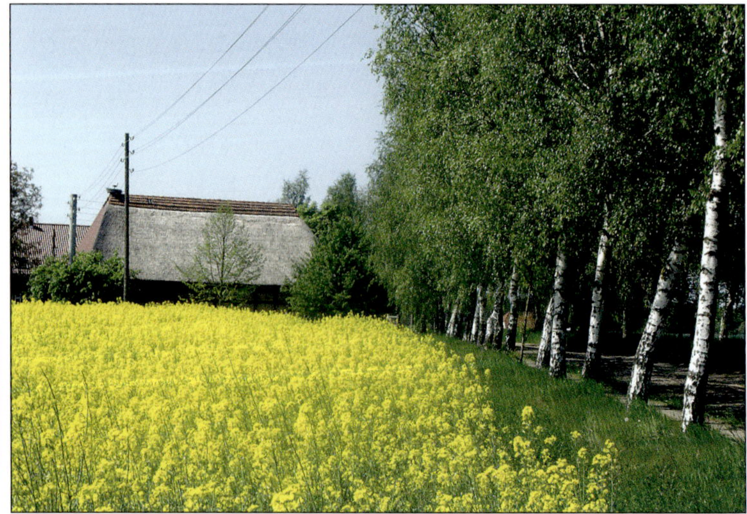

Birkenallee an der Dorfstraße in Rostocker-Wulfshagen beim Ehlers-Hof

einmündenden Langen Damm angelangt sind. Daran vorbei zweigt wenige Meter dahinter links der **Wulfshäger Weg** ab. Ihm können wir nun bis an den südlichen Waldrand folgen. Hier angelangt, wird in der Ferne schon das Dorf **Rostocker-Wulfshagen** ↗ sichtbar, dessen Zentrum wir nach einem weiteren Kilometer erreichen.
Hier setzen wir den Weg nach links in das 4 km entfernte Dorf **Blankenhagen** ↗ fort und durchqueren dabei das Forstrevier

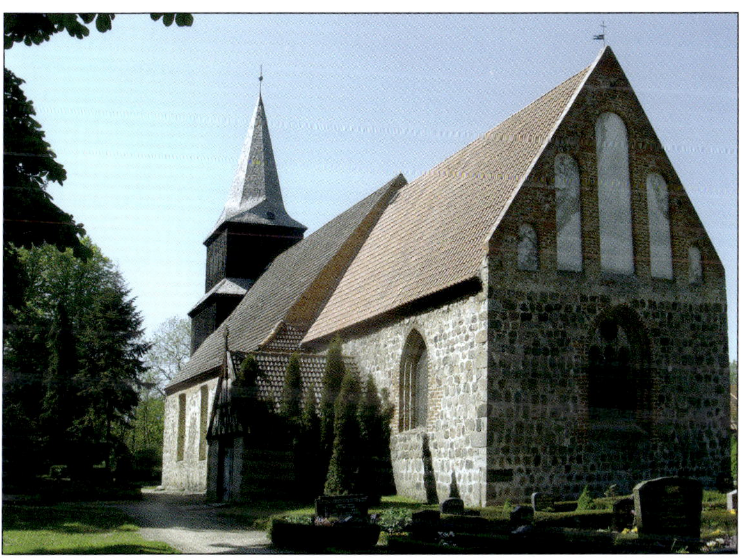

Die Kirche in Blankenhagen

Völkshagen mit der **Wulfskuhle**, dem malerischen Tal des Haubaches. Bald nach Verlassen des Waldes erreichen wir den Ortsrand. Unmittelbar links vor dem Ortsrand wird die mit einer Sternwartenkuppel versehene Holländer-Windmühle sichtbar. Gegen Ende der 1960er Jahre baute man die Mühle zu Schulsternwarte „Valentina Tereschkowa" um. Leider ist das Gebäude heute dem Verfall preisgegeben. Unmittelbar an der Straßeneinmündung unseres Weges im Dorfzentrum in die Dorfstraße wenden wir uns nach links in den Schulweg, um an dessen Ende die sehenswerte mittelalterliche Dorfkirche anzuschauen.

Blankenhagen

Die erste urkundliche Erwähnung des Dorfes stammt aus einer bischöflichen Verordnung des Jahres 1233. Herausragend an diesem Datum, es ist die früheste bekannte Erwähnung eines von deutschen Siedlern angelegten Waldrodungsdorfes für diese Region. Die hier häufig auftretende Namensendung „-hagen" bedeutet planmäßig angelegte Dorfstelle auf einer Waldrodungsfläche. Die ältesten bekannten Grundherren des Dorfes war die Familie von Moltke. Das mittelalterliche Kirchenschiff der Dorfkirche ist ein schönes Beispiel eines alten Granitbaues im Übergangsstil von der Romanik zur Gotik. In ihrem Inneren birgt das Gotteshaus eine besondere Kostbarkeit, die Besucher von weither anlockt. Wir finden hier eine der wenigen noch erhaltenen Orgeln des berühmten Hamburger Orgelbaumeisters Arp Schnitker, der das hiesige Instrument im Jahre 1686 fertigte.

Im August des Jahres 1812, während der „Franzosenzeit", machte die Dorfgemeinschaft von sich reden. Etwa einen Monat, bevor Napoleons Stern nach der Schlacht bei Borodino am 7. September 1812 zu sinken begann, regte sich hier bereits aktiver Widerstand. Unter Führung des Dorfpfarrers Otto Gottlieb Böcler fand man sich gemeinsam mit den Gelbensander Förstern und Waldarbeitern zu einer Dorfmiliz zusammen, um den Bedrückungen seitens der durchziehenden, marodierenden französischen Truppen Einhalt zu gebieten. So gelang es, gemeinsam eine rund 60 Soldaten starke französische Truppeneinheit vor dem Plündern zu vertreiben. Folge des Erfolges, fortan zogen die französischen Truppen nur noch weit südlich um die Heide herum.

Zwischen Friedhofsmauer und Feuerwehrgebäude wieder auf die Dorfstraße stoßend, wenden wir uns nun nach rechts und folgen der Dorfstraße ein kleines Stück, bis ein Wegweiser uns in die links abzweigende Straße nach **Behnkenhagen** ↗ weist. Dem folgend führt unser Weg nun straßenbegleitend rund 2 km weiter.

Nachdem wir den alten Dorfkern von Behnkenhagen passiert haben, erreichen wir schon bald wieder den Waldrand bei den vier Häusern von Schwarzenpfost ↗.

Behnkenhagen

Historiker meinen, dass auch dieses Dörfchen zu den ältesten Ortschaften der Region gehört. Es war am Neujahrstage des Jahres 1250, als Fürst Borwin von Rostock auf seiner Fürstenburg in der Nähe der heutigen Petrikirche eine Urkunde ausstellen ließ, in der er dem Kloster in Doberan sein bereits existierendes Dorf Behnkenhagen übereignete. Sucht man nach Geschichten aus der Historie des Dorfes, findet sich nur wenig.

Hier, unmittelbar am Südrand der Rostocker Heide, biegen wir von der Hauptstraße nach rechts ab, um nach wenigen Metern den zweiten Waldweg, den **„Krummen Damm"**, nach links einbiegend, unseren Weg fortzusetzen. Malerisch schlängelt sich diese historische Wegetrasse durch den Südteil des Rostocker Waldbesitzes. Noch bis in die erste Hälfte des 19. Jahrhunderts war dieser unscheinbare Waldweg die Hauptverkehrstrasse zum Fischland. Nach gut 1 km erreichen wir das andere

Schwarzenpfost

Einst die Büdnerei Nummer 14 von Behnkenhagen, lebt Schwarzenpfost als Jugenderinnerung vieler Ribnitzer, Rostocker und Heidebewohner bis heute fort. Besonders nach der Fertigstellung der Rostock-Ribnitzer Eisenbahnlinie zu Pfingsten 1889 zog es an Sonn- und Feiertagen ganze Pilgerströme von Ausflüglern hierher. Der Büdner Stüwe betrieb in jener Zeit auf seinem Gehöft eine Gastwirtschaft und lud regelmäßig zum Sonntagstanz ein. Sein Nachfolger, Herr Bobsin, führte die über die Grenzen hinaus bekannte Ausflugsgaststätte fort. Vor einigen Jahrzehnten ist das Wirtshaus abgebrannt, in der Erinnerung jedoch lebt es fort. Der Rövershäger Pastor Ludwig Dolberg schreibt im Jahre 1868: *„Der Name Schwarzenpfost hat nichts, wie man meinen möchte mit einer Schreckenstat zu tun, sondern hat nach Angabe des dort wohnenden Schmieds und Gastwirtes Stüwe seinen Namen daher, daß früher dort eine schwarze Tafel mit weißen Buchstaben aufgerichtet war, worin das Betteln bei Strafe untersagt ward."*

Ende des Waldes und der Blick auf das Dorf Gelbensande tut sich auf. Um dorthin zu gelangen, folgen wir der Wegeführung parallel zu den Bahnanlagen bis zum Bahnübergang, queren hier die Bundesstraße 105 und nehmen den Weg über die alte Dorfstraße (heute Eichenallee). An deren Ende biegen wir nach rechts in den **Schlossweg** ein, dem wir ebenfalls bis zum Ende folgen. Hier lohnt sich immer der Abstecher zum sehenswerten **Jagdschloss** ↗. Nun schlagen wir am Waldrand den mit einem blauen Balken gekennzeichneten Weg nach links ein, und bald begleiten uns wieder Ruhe und Schönheit des Waldes auf der **Pfeilschneise**, über die wir schließlich das Dörfchen **Hirschburg** erreichen. Hier wenden wir uns nach links und durchqueren den Ortskern, der durch ein Gemisch sehr alter, weitgehend im Original erhaltener Büdnereien, einstiger Kleinbauernstellen und neuen Einfamilienhäuser geprägt ist. Auch am westlichen Ortsrand gelangt man gleich wieder an den Rand des Waldes. Hier wenden wir uns nach rechts und nehmen den Weg immer am Waldrand entlang, bis wir an seinem Ende die **Bäderstraße** nach Graal-Müritz erreichen. Diesen stark befahrenen Verkehrsweg müssen wir nun nach links gewandt überqueren.

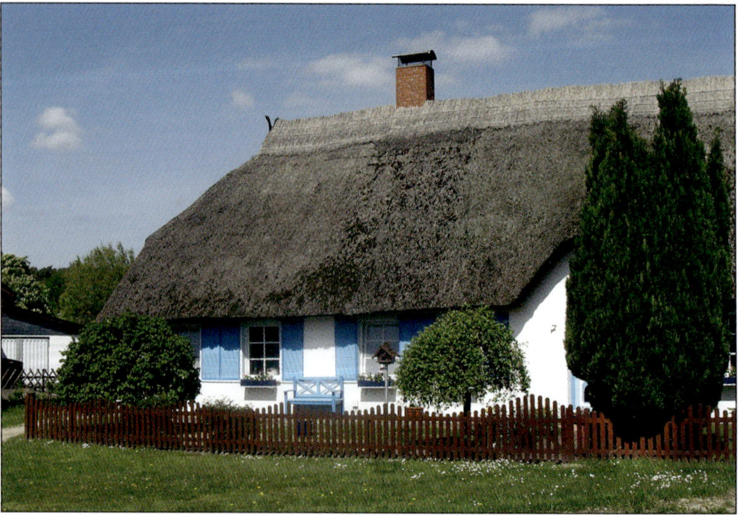

Kapitänshaus in Körkwitz

Achtung! Hier kommt man leider nicht umhin, etwa 50 m den Straßenrand entlangzufahren.

Die hohe Fahrzeugfrequenz erfordert hohe Aufmerksamkeit. Auf der gegenüberliegenden Straßenseite folgen wir wiederum dem Weg am Waldrand und erreichen schließlich **Neuheide**. Hier empfiehlt sich ein Besuch im Naturkundemuseum „Paradiesgarten“ ↗ und dem Informationszentrum „Wald und Moor“ ↗, bevor wir die Tour auf dem **Ribnitzer Landweg** fortsetzen. Nur wenige hundert Meter nach Querung der Fischlandstraße lohnt sich ein

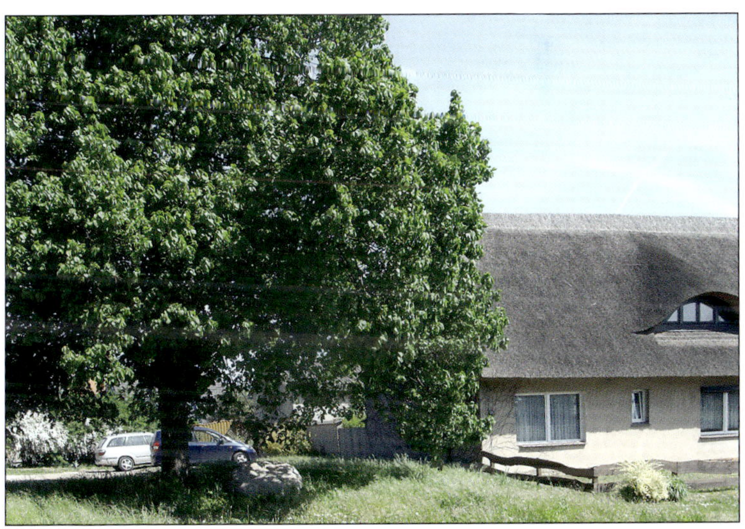

Die Wossidlo-Linde in Körkwitz

Blick auf den wenige Schritte rechts des Weges gelegenen **Bernsteinsee**, eine renaturierte ehemalige Kiesgrube, auf der heute eine **Wasserski-Anlage** betrieben wird. Schließlich langen wir in dem verträumten Dörfchen **Körkwitz** an. Im Ortskern passieren wir die **Wossidlo-Linde** mit dem Gedenkstein für Richard **Wossidlo**, den im benachbarten Ribnitz geborenen bedeutendsten Volkskundler Mecklenburgs. Am südöstlichen Ortsende führt eine Straßenbrücke über den Körkwitzer Bach. Hier stoßen wir auch auf den gut ausgebauten Boddenradweg, der uns nun wieder in die **Ribnitzer Innenstadt** zurückführt.

9. Rundwege in der Nordöstlichen Heide Mecklenburgs

- **Infoweg zur Renaturierung von ehemaligen Militärflächen in Wiethagen (ca. 1 km)**
  Startpunkt: 100 m nördlich des Museums Forst- und Köhlerhof Wiethagen
  Der Weg führt über das Gelände des einstigen Schießplatzes Wiethagen. Auf Infotafeln wird über die Spezifik der einstigen Militärnutzung und das 1992 durchgeführte Abrüstungs- und Renaturierungsprojekt „Konver II", in dessen Ergebnis eine wunderschöne Landschaft entstand, informiert.

- **Naturlehrpfad am Forst- und Köhlerhof Wiethagen (ca. 1,5 km)**
  Startpunkt: unmittelbar hinter dem Museum beginnt der Rundweg
  Auf dessen Verlauf sind eine Reihe ausgebauter Informationspunkte mit Themen zu Fauna, Flora, Geologie, Landschaftsspezifik, grünes Klassenzimmer aufgereiht.

- **Märchenpfad am Forst- und Köhlerhof Wiethagen (ca. 300 m)**
  Startpunkt: Nebenausgang des Museums
  Auf dem vornehmlich für Kinder eingerichteten Rundweg befinden sich eine Vielzahl von Märchen und Sagenskulpturen. Übers Jahr bietet das Museum hier auch geführte nächtliche Fackelwanderungen durch die Märchen- und Sagenwelt an.

- **Lehrpfad zum KZ Schwarzenpfost/ Steinheide (ca. 300 m)**
  Startpunkt: Kreuzung Ziegenheidenschneise/Meilensteinschneise, gegenüber dem Wegweiser „Westphalsruh"
  Rund 100 m südlich der Ziegenheidenschneise verläuft ein Pfad durch einen Teil des einstigen KZ-Geländes. Neben sichtbaren Gebäudefundamenten erläutern Info-Tafeln die Geschichte eines der größten Konzentrationslager auf dem Gebiet des heutigen Mecklenburg-Vorpommern und dokumentieren Einzelschicksale von Häftlingen.

- **Naturlehrpfad Neuheide (ca. 150 m)**
  Startpunkt: gegenüber dem Informationszentrum „Wald und Moor“ verläuft der kleine Rundweg in einem parkähnlichen Gelände.
  Ein grünes Klassenzimmer und eine Vielzahl von Informationstafeln erklären Fauna und Flora des Ribnitzer Stadtforstes.

- **Moorlehrpfad bei Neuheide (ca. 1,5 km)**
  Startpunkt: ca. 1 km vom Parkplatz Klein-Müritz entfernt, 500 m den Fischländer Weg entlang, dann links 500 m bis zum Ende des neuen Moorweges
  Der Lehrpfad führt auf einem Rundweg durch das Herz des Großen Müritz-Ribnitzer Moores.
  An ausgebauten Informationsorten erhält man Infos zur besonderen Moorvegetation und zum einstigen Torfabbau.

- **Moorpfad durch die Neuhäuser Torfstiche (ca. 500 m)**
  Startpunkt: gekennzeichneter Abzweig vom Ostseeküstenradweg E9 etwa 400 m westlich vom Ostseebad Neuhaus
  Der Pfad führt über schmale Landbrücken, zu großen Teilen über hölzerne Steganlagen durch die Gewässerlandschaft der einstigen Torfstiche hinter der Düne. Leider fehlen hier erklärende Informationstafeln. Die landschaftlich reizvollen Blicke machen diesen Rundweg jedoch zu einem besonderen Erlebnis.

Verkehrsanbindung

Linienbusse und Bäderbahn (Kursbuch Linie 184) und Warnow-Flussfähren über Verkehrsverbund Warnow GmbH, Tel.: 03 81 / 4 05 60 18, www.verkehrsverbund-warnow.de

MS Baltica (Jeden Sonntag Verkehr zwischen Seebrücke Graal-Müritz und Warnemünde Alter Strom), Tel.: 03 81 / 5 10 67 90, www.ms-baltica.de

MS Schnatermann, Reederei Kammel April bis Oktober Schiffsrundfahrt Markgrafenheide – Schnatermamm – Warnemünde Tel.: 03 81 / 7 68 65 52, www.warnemünder-personenschifffahrt.de

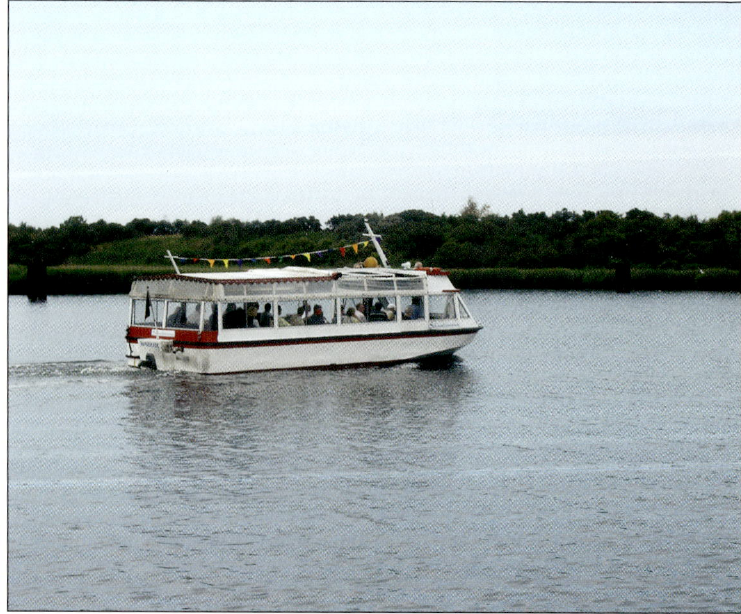

Extra klein – nur so passt die MS Schnatermann durchs Naturschutzgebiet

Touristische Ansprechpartner

Haus des Gastes Graal-Müritz, Tourismus- und Kur GmbH
18181 Graal-Müritz, Rostocker Straße 3,
Tel.: 03 82 06 / 70 30, Fax: 7 03 20, www.graal-mueritz.de

Stadtinformation Ribnitz-Damgarten
18311 Ribnitz-Damgarten, Am Markt 1,
Tel.: 0 38 21 / 22 01, Fax: 89 47 50, www.ribnitz-damgarten.de

Tourismuszentrale Rostock und Warnemünde
18055 Rostock, Tourist-Information Rostock, Neuer Markt 3,
Tel.: 03 81 / 22 22, Fax: 3 81-26 01,
E-Mail: touristinfo@rostock.de, www.rostock.de

Tourist-Information Warnemünde
18119 Rostock-Warnemünde,
Am Strom 59/Ecke Kirchenstraße,
Tel. 03 81 / 5 48 00-0 und 5 48 00-10, Fax: 5 48 00-30,
E-Mail: touristinfo@rostock.de, www.rostock.de

Kurverwaltung Ostseebad Dierhagen
18347 Ostseebad Dierhagen, „Haus des Gastes“,
Ernst-Moritz-Arndt-Straße 2,
Tel.: 03 82 26 / 2 01, Fax: 03 82 26 / 8 04 66,
E-Mail: KV.Dierhagen@t-online.de,
www.dierhagen-fischland.de

Stadtforstamt Rostock
18182 Rostock Wiethagen (bei Rövershagen)
Tel. 03 82 02 / 40 40

Stadtforstamt Ribnitz-Damgarten
Infozentrum „Moor und Wald“
18311 Neuheide, Stadtforst, Ribnitzer Landweg 5,
Tel.: 03 82 06 / 7 73 89, Mobil: 0 17 5 / 1 50 84 70

Jugendherberge und Campingplätze

Jugendherberge
18311 Ribnitz-Damgarten, Am Wasserwerk 1,
Tel.: 0 38 21 / 81 23 11, www.folklore-ribnitz.de
Ostseecamp-Ferienpark „Rostocker Heide",
18181 Graal-Müritz, Wiedortschneise 1,
Tel.: 03 82 06 / 7 75 80
Camping und Freizeitpark, Baltic - Freizeit GmbH,
18146 Markgrafenheide, Dünenweg 27,
Rezeption: Tel.: 03 81/ 6 61 15 10-515, Fax: 03 81/ 6 61 10 14,
Verwaltung: Tel.: 0 45 44/ 8 00 30, Fax: 4 18

Ausgewählte Ausflugsgastronomie

Caféstübchen Witt
18181 Graal-Müritz, Am Tannenhof 2,
Tel.: 03 82 06 / 7 72 21, Fax: 03 82 06 / 7 79 13,
www.pension-cafe-witt.m-vp.de

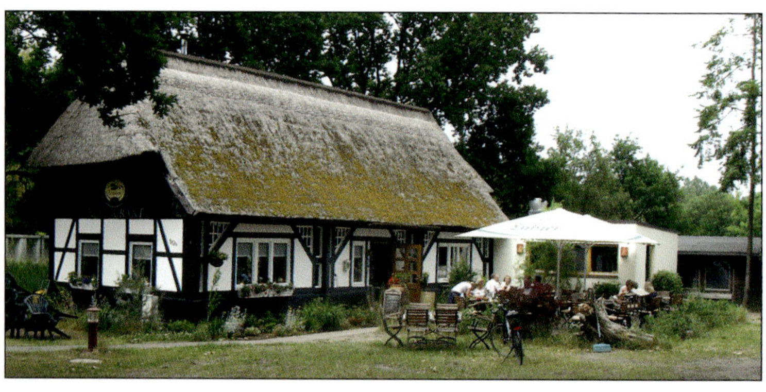

Gastronomisch bestens versorgt...

Schinkenkrug
18146 Rostock, Markgrafenheider Straße 1,
Tel.: 03 81 / 6 66 90 50, Fax: 03 81 / 6 66 90 51,
www.hinrichshagen-schinkenkrug.de
Traditionsgasthof Forsthaus Schnatermann
18146 Rostock-Stuthof,
Tel.: 03 81 / 66 99 33, Fax: 03 81 / 6 69 12 02,
www.der-schnatermann.de

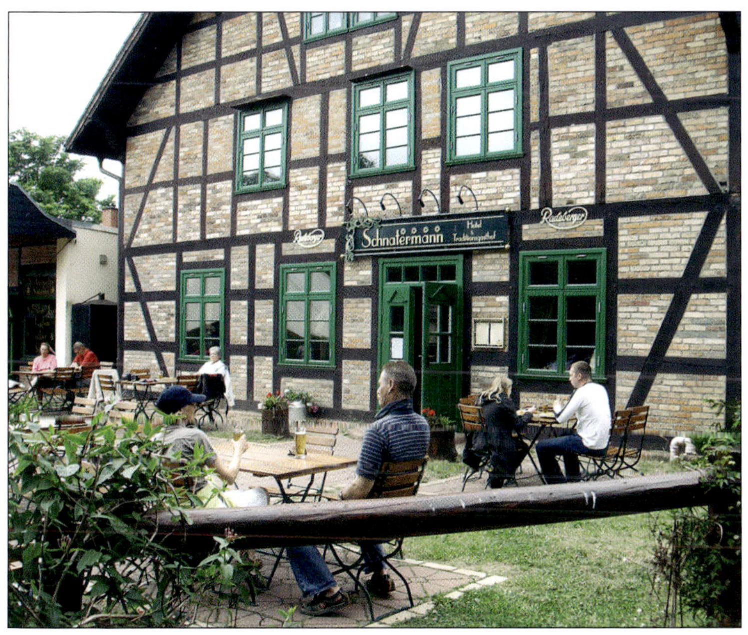

Utspann Markgrafenheide
18146 Rostock-Markgrafenheide, Warnemünder Straße 10a,
Tel.: 03 81 / 4 40 23 91, Fax: 03 81 / 4 40 23 92,
www.restaurant-untspann.de

Heidekrug Altheide
18311 Altheide, Heidestraße 5/6 An der B105,
Tel.: 0 38 21 / 81 12 71, Fax: 0 38 21 / 81 36 94,
www.heidekrug-altheide.de

Naturschatzkammer und Paradiesgarten Imbiss
18311 Neuheide, Ribnitzer Landweg 2,
Tel. u. Fax: 03 82 06 / 7 82 89,
www.naturschatzkammer.m-vp.de

KÖRK Café am See
18311 Körkwitz, Am Bernsteinsee 1,
Tel.: 0 38 21 / 7 99 43 00, www.koerks.de

Restaurant/ Pension Hirschburg
18311 Neu-Hirschburg, Zum Forsthof 1,
Tel.: 0 38 21 / 81 35 51 Fax: 3 90 97 62,
www.pensionhirschburg.de

Kulturelle Angebote / Veranstaltungen

Stadtkulturhaus
18311 Ribnitz-Damgarten, Am Bleicherberg 1,
Tel.: 0 38 21 / 26 14, E-Mail: kultur@ribnitz-damgarten.de

Museen / Sammlungen

Deutsches Bernsteinmuseum Ribnitz-Damgarten
18311 Ribnitz-Damgarten, Im Kloster 1-3,
Tel.: 0 38 21 / 8 89 76 67,
E-Mail: landesklosterribnitz@deutsches-bernsteinmuseum.de

Freilichtmuseum Klockenhagen
18311 Ribnitz-Damgarten, Mecklenburger Straße 57,
Tel. u. Fax: 0 38 21 / 27 75

Jagdschloss Gelbensande
18182 Gelbensande, Am Schloss 1, Tel. u. Fax: 03 82 01 / 4 75,
E-Mail: jagdschloss.gelbensande@t-online.de,
www.jsgelbensande.de montags bis donnerstags:
10.00 bis 16.00 Uhr, freitags geschlossen!, sonnabends:
14.00 bis 17.00 Uhr, sonn- und feiertags: 14.00 bis 17.00 Uhr

Forst- und Köhlerhof
18182 Rostock-Wiethagen, Verein der Freunde und
Förderer des Forst- und Köhlerhofes Rostock-Wiethagen e.V.,
Tel.: 03 82 02 / 20 35, Fax: 2 94 37,
E-Mail: kontakt@koehlerhof-wiethagen.de

Denkmalhof Ehlers
18337 Marlow / OT Rostocker-Wulfshagen, Kirchstraße 9,
Tel.: 03 82 24 / 8 07 01, Fax: 8 07 01,
E-Mail: ehlers.born@t-online.de, www.museumsscheune.org

Heimatstube Graal-Müritz
18181 Graal-Müritz, Heimatstube, Parkstraße 1,
Tel.: 03 82 06 / 5 99

Natur-Schatzkammer & Paradiesgarten Tierpräparation
18311 Neuheide, Ribnitzer Landweg 2,
Tel. u. Fax: 03 82 06 / 7 99 21, E-Mail: pilzmuseum@arcor.de,
Internet: www.naturschatzkammer.m-vp.de

Das Schulungs- und Informationszentrum „Wald und Moor"
Stadtforst Neuheide ist wie folgt geöffnet:
1. Mai bis 31. Oktober: Mi. bis So.: 10.00 bis 12.00 Uhr und
13.00 bis 17.00 Uhr, Mo/Di Ruhetag,

übrige Zeit nach Absprache: Stadtforst:
Tel.: 03 82 06 / 7 73 89, Infozentrum: Tel.: 03 82 06 / 1 44 44
Schiffbau- und Schifffahrtsmuseum auf dem Traditionsschiff
18106 Rostock, IGA-Park, Liegeplatz Schmarl,
Tel.: 0381 / 1 28 31-3 64, 1 28 31-3 61, Fax: 1 28 31-3 66,
E-Mail: schifffahrtsmuseum@iga2003.de,
www.iga-park-rostock.de
Heimatmuseum Warnemünde
18119 Rostock-Warnemünde, Alexandrinenstraße 30/31,
Tel.: 03 81 / 5 26 67, Fax: 5 48 68 37
Die Kerzenscheune,
18182 Rövershagen, Graal-Müritzer-Straße,
Tel.: 03 82 02 / 2 99 79, 4 52 80, Fax: 4 52 81, 4 55 14,
www.die-kerzenscheune.de

Galerien Ribnitz-Damgarten
Galerie im Kloster, des Kunstvereins Ribnitz-Damgarten e. V.,
Anette Winter, Im Kloster 9, Tel.: 0 38 21 / 47 01
Galerie im Café,
Uta Erichson, Im Kloster 1 - 2, Tel.: 0 38 21 / 22 19
Schmuckwerkstatt, Simone Mönch, Schmuckgestalterin,
An der Bäderstraße 9, OT Körkwitz, Tel.: 0 38 21 / 89 43 45
Kunsthof Hirschburg, Reinhard Buch, Wolfgang Schlüter,
Zum Wallbach 14, Tel.: 0 38 21 / 32 63 und 33 63
Marie Kiesow Keramik und Malerei,
Petersdorfer Landweg 8, Tel.: 0 38 21 / 89 48 52

Sportmöglichkeiten

Fahrradverleih

18181 Graal-Müritz:
Fahrrad Thon, Lange Straße 29, Zweigstelle (Verleih) Kurstraße Höhe Parkplatz, Tel.: 03 82 06 / 7 98 05
Fahrradverleih Kaßner, Ribnitzer Straße 39, Tel.: 03 82 06 / 7 72 52

18311 Ribnitz-Damgarten
Fahrradverleih Zweirad Lange, Lange Straße 78, Tel.: 0 38 21 / 27 09
Fahrradverleih Am Bodden, Fritz-Reuter-Straße 11, Tel.: 0 171 / 8 29 14 96

18119 Warnemünde
Warnemünder Fahrradtouristik, Fahrradverleih Bergmann, Parkstraße / Strandweg (Parkhaus), Tel.: 03 81 / 5 19 19 55, Fax: 5 19 07 78, Funk: 01 62 / 5 65 51 61, E-Mail: bergmannsfewo@arcor.de

18347 Dierhagen
Udo's Fahrradverleih, Dierhagen Strand, Akazienstraße 13, Tel.: 01 73 / 1 37 95 78
Ostsee-Camp, Dierhagen Strand, Tel.: 03 82 26 / 8 07 78
Fischlandtor Dienstleistungen, EKZ Fischlandtor, Tel.: 03 82 26 / 6 93 88
Campingplatz „An den Stranddünen", Dierhagen Ost, Tel.: 03 82 26 / 8 04 92

Schifffahrt und Bootsverleih

„Warnow" – Personenschifffahrt:
Motorboot „Schnatermann" und MS „Markgrafenheide" sowie Bootsverleih
Seeschwalbenweg 22, 18107 Elmenhorst, Tel.: 03 81 / 7 68 65 52, Fax: 7 69 15 70
E-Mail: info@warnow-personenschifffahrt.de, www.warnemünder-personenschifffahrt.de

Baden / Schwimmen

Aquadrom, Buchenkampweg 9, 18181 Ostseebad Graal-Müritz, Tel.: 3 82 06 / 8 79 00, www.aquadrom.de

Bodden-Therme Ribnitz-Damgarten GmbH & Co KG, Körkwitzer Weg 15, 18311 Ribnitz-Damgarten, Tel.: 0 38 21/ 3 90 99 61, Fax: 3 90 99 62, E-Mail: info@Bodden-Therme.de

KÖRK-Strandarena (Wasserskianlage, Wakeboarding, Minigolf), Körkwitz

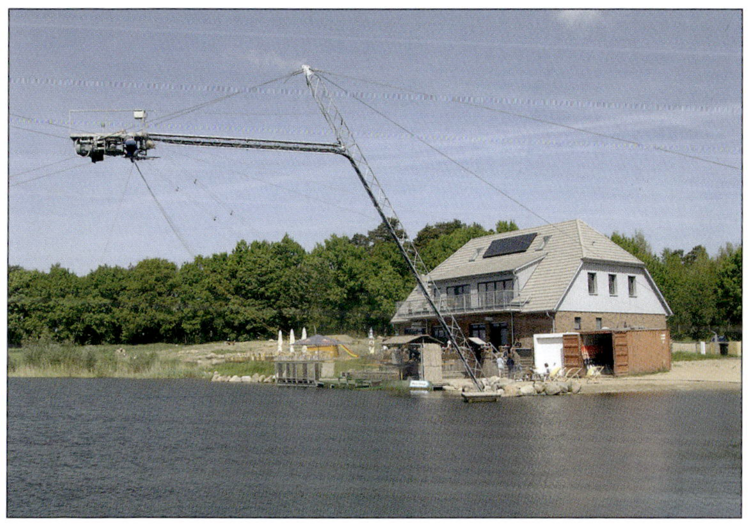

Die Wasserskianlage auf dem Bernsteinsee

Klettern

Kletterwald Markgrafenheide, Hohe Düne, Tel.: 01 62 / 4 10 93 49, www.kletterwald.de

Kutsch- und Kremserfahrten

18184 Poppendorf, Maik Tegtmeier, Dorfstraße, Tel.: 01 72 / 1 31 27 20

Literaturhinweis

Dolberg, Ludwig:
„Eine Küstenwanderung von der Warnow bis Wustrow durch die Rostocker Haide, …" Ribnitz 1885
Ahrens, Adolf und Rudolf:
„Die Heide, das Kleinod der Stadt Rostock" 1920
Krause, Ludwig:
„Die Rostocker Heide im Spiegel ihrer Orts-, Forst- und Flurnamen" Rostock 1926
Kolp, Dr. Otto:
„Die Nordöstliche Heide Mecklenburgs" Berlin 1957
Steinmüller, Wilfried:
„Heidegeschichten – zwischen Rostock und Ribnitz" Rostock 2001
Stadtarchiv Rostock

Anhang

Zeichenerklärung

Eisenbahnlinie mit Bahnhof
Schmalspurbahn mit Haltepunkt
Eisenbahnlinie stillgelegt
105 Bundesstraße
Wichtige Straße; Sonstige Straße
Weg; Weg in Renaturierung
Grenze Nationalpark bzw. Biosphärenreservat
NSG Grenze Naturschutzgebiet (NSG)
Fähr- und Schifffahrtslinie
(ohne Gewähr, aktuelle Veröffentlichungen beachten)
Schiffstour
Vorgeschlagene Strecke
Variante / Abstecher
unvermeidbarer Lückenschluss (Starker Autoverkehr)
Straße für Radfahrer verboten
Straße für Radfahrer ungeeignet
Ostseeküsten - Radweg
Offizielle Radrouten Warbel - Recknitz - Auenland
Radfernweg Mecklenburgische Seenplatte - Rügen
Gefahrenstelle für Radfahrer
Steigung; Starke Steigung
Für Kfz gesperrt
PF Personenfähre
Schloss, Burg; Ruine
Aussichtsplattform, Beobachtungspunkt
Leuchtturm; Aussichtsturm
Aussichtspunkt
Windrad
Windmühle
Touristinformation
Nationalparkinfo
Siedlungsfläche
Wald, Park
Wiese
Heide
Sand
Sumpf

Sonstiges Denkmal
Technisches Denkmal
Sonstiges Baudenkmal
Theater
Freilichtbühne
JH Jugendherberge
Feriendorf
Campingplatz; Caravan
Höhle
Kirche; Kapelle
Kloster; Klosterruine
Wallanlage
Findling
Großsteingrab
Hügelgrab
Museum
Reiterhof
Radservice
Badestrand, Bademöglichkeit
FKK
Schwimmhalle; Erlebnisbad
Hafen, Sportboothafen
Anleger Fahrgastschifffahrt
Wasserwanderrastplatz
Bootsverleih
Fahrradverleih
FP Fahrradparkplatz
T Tankstelle (Auswahl)
P Parkplatz (Auswahl)
Seebrücke
N Naturdenkmal
Park
Zoo, Tierpark
Hervorragender Baum
besondere Sehenswürdigkeit

Stichwortverzeichnis

Impressum

 Für aktuelle Ergänzungen und Anregungen ist der Verlag jederzeit dankbar.

Dr. Lutz Gebhardt, 98684 Ilmenau, PF 100564,
Tel.: 0 36 77 / 6 30 25, Fax 0 36 77 / 6 30 40,
www.gruenes-herz.de, info@gruenes-herz.de

Titelfoto:	Wilfried Steinmüller, Blick auf den Heiligen See und Markgrafenheide
Titelgestaltung:	Atelier für Grafik-Design Katharina Kerntopf, Ilmenau
Fotos:	Wilfried Steinmüller und Archiv Wilfried Steinmüller, außer Seite 15: Dr. Erich Krauß, Bad Blankenburg Seite 16: Archiv RhinoVerlag Seiten 20, 46, 62 und 113: Dr. Lutz Gebhardt, Ilmenau Seiten 23 und 72: Archiv der Hansestadt Rostock
Redaktion:	Anette Cotta
Karten:	***grünes herz*** kartographische Ausführung: Ingenieurbüro für Kartographie Müller & Richert GbR, Gotha
Kartenbearbeitung / Layout:	Sibylle Senftleben
Satz / Fotobearbeitung:	Werbepunkt Ute Schmidt, Geraberg
Druck:	DZA Druckerei zu Altenburg GmbH, Altenburg

1. Auflage Juli 2008

ISBN 978-3-86636-151-5